DIE REGIERUNG DER PREKÄREN

AF523519

ISABELL LOREY

# Die Regierung der Prekären

MIT EINEM VORWORT VON JUDITH BUTLER

VERLAG TURIA + KANT
WIEN – BERLIN

**Bibliografische Information der Deutschen Nationalbibliothek**

Die Deutsche Bibliothek verzeichnet diese Publikation in der Deutschen Nationalbibliografie; detaillierte bibliografische Daten sind im Internet über http://dnb.ddb.de abrufbar.

**Bibliographic Information published by the Deutsche Nationalbibliothek**

The Deutsche Bibliothek lists this publication in the Deutsche Nationalbibliografie; detailed bibliographic data are available on the internet at http://dnb.ddb.de.

ISBN 978-3-85132-968-1

© Verlag Turia + Kant, 2020

Dieser Band erschien zuerst als Band 14 der Reihe »es kommt darauf an«, Wien 2008

VERLAG TURIA + KANT
A-1010 Wien, Schottengasse 3A/5/DG1
Büro Berlin: D-10827 Berlin, Crellestraße 14 / Remise
info@turia.at | www.turia.at

# INHALT

# VORWORT

JUDITH BUTLER

Prekarität ist kein vorübergehender Zustand und keine Episode, sondern eine neue Form der Regulierung, die diese historische Epoche kennzeichnet – das ist es, was wir verstehen, wenn wir *Die Regierung der Prekären* lesen. Behauptet man, dass manche Bevölkerungsgruppen prekärer sind als andere, und versucht, diesen Unterschied zu erklären, steht man vor der Aufgabe zu erläutern, worin genau Prekarität besteht, wo sie beginnt und wo sie endet, und wie wir ihre Reichweite und ihre Mechanismen verstehen können. Tatsächlich können wir konkrete Fälle nur unter Rückgriff auf die allgemeinere Form der Prekarität bestimmen. Und das wiederum führt uns zur Betrachtung der Art und Weise, wie Prekarität selbst zu einem Regime geworden ist, zu einer hegemonialen Weise, regiert zu werden und uns selbst zu regieren. Isabell Loreys Buch ermöglicht uns, über das neoliberale Auftauchen einer Form von Regulierung und Macht nachzudenken, die von Foucault schon angedeutet wurde und zugleich über dessen Machttheorie hinausgeht. Der Text stützt sich in vielen wichtigen Überlegungen offenkundig auf Foucault, insbesondere im Verständnis einer Macht, die das Subjekt ebenso wie dessen Selbstverhältnis produziert. Er wirft jedoch auch eine neue Frage auf: Wie können wir Prekarität und das mit ihr verbundene, alles durchdringende Gefühl von »Unsicherheit« als verdichtete Verortung der Macht bei der Formierung des Subjekts verstehen? Anders ausgedrückt: Wie können wir verstehen, dass die Organisierung von »Sicherheit« unter neoliberalen Bedingungen Prekarität erfordert und herbeiführt, als Lebensweise, als unbestimmten Zeitlauf, als organisierendes Prinzip jenes Prozesses, durch den wir regiert werden und durch den wir dazu kommen, uns selbst zu regieren?

Loreys Buch besticht durch enorme konzeptuelle Klarheit und hilft uns bei der Unterscheidung von Formen der Prekarität, von deren gesellschaftlichen Implikationen und von den besonderen Weisen, in denen Prekarität als Name einer neuen Form der Macht und eines neuen Ausbeutungspotenzials erscheint. Unter Einbeziehung der Geschichte politischer Souveränität, der marxistischen Vorstellung von Reproduktionsarbeit, einer feministischen Kritik an Ideen männlicher Unabhängigkeit und einer Analyse neoliberaler Formen von absichtsvoll herbeigeführter Not eröffnet Loreys Arbeit ein historisch und politisch nuanciertes Verständnis, wie in der gegenwärtigen Zeit neue Formen der Macht mit neuen regulatorischen Zwecken zusammentreffen. Was immer man über die Vergänglichkeit oder Prekarität des Lebens selbst sagen möchte, in existenziellen Fragen lassen sich solche Aussagen nicht von der gesellschaftlichen und ökonomischen Organisierung von Bedürfnissen trennen – insbesondere nicht von der Produktion von »Unsicherheit« zum Zweck der Ausweitung von Machtformen, die sich auf Sicherheit berufen. Loreys Arbeit lenkt unsere Aufmerksamkeit auf »Prekarisierung« als einen Prozess, der nicht nur Subjekte, sondern auch »Unsicherheit« als zentrale Sorge des Subjekts produziert. Diese besondere Form der Macht legt den Grundstein für die Herstellung des Bedürfnisses nach

Sicherheit als einem ultimativen politischen Ideal. Es wirkt dahingehend, Macht innerhalb des Staates und korporatistischer Institutionen anzuhäufen, während es gleichzeitig eine neue Art von Subjekt produziert. Nicht Kritik und Widerständigkeit, sondern das Bedürfnis, von Unsicherheit befreit zu werden, bestimmt nun die Bevölkerungen. Infolgedessen werden Formen polizeilicher und staatlicher Kontrolle, Versprechen globaler Investitionen und Institutionen globaler Governance aufgewertet. So wie der Diskurs der »Finanzkrise«, der das Bedürfnis nach größerer Kontrolle des Marktes durch das Management (und den Bedarf an einem immer sachverständigeren Kreis von KapitalistInnen) unterstützt, verstärkt der Diskurs der »Prekarität« die Macht jener, die über die Macht verfügen, wechselweise Linderung zu versprechen oder mit anhaltender Unsicherheit zu drohen.

Isabell Lorey überdenkt die Doktrin der Souveränität und stellt so eine wichtige Reformulierung von Agambens aktuellen Betrachtungen der souveränen Ausnahme zur Verfügung. Sie verortet ihre Analyse in einer Kritik der politischen Philosophie des Liberalismus sowie in einem überarbeiteten Konzept von Biopolitik und zeigt, wie Souveränität selbst zu einem Werkzeug im Rahmen der Regulierung und Selbstregulierung von Bevölkerungen wird. Tatsächlich ist jede und jeder »prekarisiert«, und zwar durch die Normen, die die Vorstellung von souveränen BürgerInnen regieren. Diese Souveränität beruht auf der Annahme, dass die eigene Person oder das Eigentum von einem Außen bedroht wird und die Ausübung der Souveränität in einer Forderung nach Sicherheit besteht. Gegenwärtige Sicherheitsregimes regieren Bevölkerungen (und sind dadurch eng mit Biopolitik verknüpft), indem sie diese grundlegende Dynamik des »Verteidigens gegen eine Bedrohung« verstärken und neu definieren, eine Dynamik, die liberale Ideen souveräner (Staats-)BürgerInnenschaft bestimmt. Ironischer-, wenn nicht schmerzhafterweise impliziert die Idee von Souveränität Prekarisierung, was nicht nur die traditionelle Annahme souveräner Unabhängigkeit Lügen straft, sondern zugleich deren innere Logik offenbart. In den Begriffen der Spätmoderne werden das souveräne Volk und das souveräne Subjekt von Formen der Krankheit, Ansteckungen der Sexualität, Wellen der Kriminalität, von möglichen Invasionen vielerlei Art bedroht. Immunisierung wird folglich zum vordringlichsten Bedürfnis, und Macht nimmt die Form einer Unterwerfung unter und durch dieses Bedürfnis an. Das souveräne Subjekt ist einerseits ausgesprochen singulär und muss durch seine Individualisierung von den Massen unterschieden werden, und doch ist andererseits das Verhältnis des Subjekts zu seinem eigenen Leben deutlich von breit angelegten Formen der sozialen und politischen Regulierung gesteuert, die es sich zu eigen gemacht hat und als ihm eigene Praxis der Selbstgestaltung kultiviert. Je mehr das Subjekt sich tatsächlich selbst reguliert, desto effektiver funktioniert diese breitere Form der Regulierung – sie nimmt die Form eines Selbstmanagements an, das Individualität (sowie das Bedürfnis, das Individuelle zu gestalten) als selbstverständlich betrachtet, während Individualität gerade das Instrument jener Regulierung darstellt.

*Die Regierung der Prekären* ist eine Anrufung zur Imagination politischer Mobilisierungen, die sich der Falle des »Bedrohtseins« verweigern und sich kritisch von jenen Formen der Furchtsamkeit distanzieren, die uns für Ausbeutung anfällig machen. Tatsächlich fordert uns Isabell Lorey auf, Alternativen zur Akzeptanz von Furcht und Unsicherheit als Basis einer politischen Mobilisierung zu denken, Alternativen zur Akzeptanz von absichtsvoll herbeigeführten, induzierten Zuständen, in denen wir um jeden Preis nach Sicherheit streben. Was würde es bedeuten, sich stattdessen auf den induzierten Charakter von Prekarität zu konzentrieren und auf die Ausbeutung der Unsicherheit? Macht wird auf das Subjekt ausgeübt, und doch ist Macht das Mittel, durch das das Subjekt sich auf sich selbst bezieht, sich sogar selbst gestaltet. Lorey spricht sich folglich gegen eine Politik reiner Viktimisierung aus (die Macht einzig als von außen auferlegt verstehen würde), und ebenso gegen den ultimativen Wert von »Sicherheit« (als affektiver Besetzung des regulierten Subjekts). Stattdessen fordert sie uns auf, jene Formen politischer Mobilisierung zu bedenken, die Prekarität den Regimes entgegensetzen, die ihre Macht zur Lenkung und Verfügung über Bevölkerungen ausweiten wollen – mit anderen Worten: Prekarität als Aktivismus. Neue gouvernementale Formen, welche die Prekarisierung von Bevölkerungen betreiben, funktionieren gerade durch das Ausbilden von eben jenen Subjektivierungsweisen und Handlungsmöglichkeiten, die durch einen Aktivismus der Prekären auseinandergenommen werden können und müssen, durch einen Aktivismus, der die falschen Versprechen der Sicherheit, deren Steuerungstaktiken und deren Ausbeutungen bekämpft.

*Aus dem Englischen von Dagmar Fink*

# DIE REGIERUNG DER PREKÄREN. EINE EINLEITUNG

Wenn wir Prekarisierung nicht verstehen, verstehen wir weder die Politik noch die Ökonomie der Gegenwart. Prekarisierung ist kein Randphänomen, weder im deutschsprachigen Raum noch in Europa. Sie lässt sich in den führenden okzidentalen Industriestaaten des Neoliberalismus nicht mehr an die soziogeographischen Räume der Peripherie auslagern, wo sie nur die Anderen betrifft. Prekarisierung ist keine Ausnahme, sondern die Regel. Sie breitet sich in jene Räume aus, die lange als sicher galten. Sie ist zu einem Regierungsinstrument geworden und zugleich zu einer Grundlage kapitalistischer Akkumulation, die der sozialen Regulierung und Kontrolle dient.

Prekarisierung bedeutet mehr als unsichere Arbeitsplätze, mehr als die mangelnde Absicherung durch Lohnarbeit. Sie umfasst als Verunsicherung und Gefährdung die gesamte Existenz, den Körper, die Subjektivierungsweisen. Sie ist Bedrohung und Zwang, und sie eröffnet zugleich neue Möglichkeiten des Lebens und Arbeitens. Prekarisierung bedeutet ein Leben mit dem Unvorhersehbaren, mit der Kontingenz.

Der Kontingenz ausgesetzt zu sein gilt allerdings in der säkularisierten Moderne des Okzidents in der Regel als Alptraum, als Verlust aller Sicherheit, aller Orientierung, aller Ordnung. Dieses Monster des Bodenlosen lässt sich offensichtlich auch in den postfordistischen Industrienationen des ›Westens‹ nicht mehr richtig bändigen. Die Angst vor dem, was nicht berechenbar ist, prägt Techniken des Regierens und der Subjektivierung in einer Weise, die in eine übermäßige Kultur des Messens des Unmessbaren mündet.

Dies führt zu einer Regierungsform, die spätestens seit Thomas Hobbes nicht mehr als möglich galt: eine Regierung, die sich nicht dadurch legitimiert, dass sie Schutz und Sicherheit verspricht. Im Gegensatz zu dieser alten Regel der Herrschaft, Gehorsam für Schutz einzufordern, verfährt neoliberales Regieren vor allem durch soziale Unsicherheit, durch die Regulierung des Minimums an Absicherung bei gleichzeitig zunehmender Verunsicherung. Im Zuge des Rück- und Umbaus des Sozialstaats sowie der damit verbundenen Rechte gelingt es, mithilfe der Proklamation von vermeintlicher Alternativlosigkeit eine Regierungsform zu etablieren, die auf größtmöglicher Unsicherheit basiert. Dass Prekarisierung zu einem Regierungsinstrument geworden ist, bedeutet zugleich, dass das Ausmaß an Prekarisierung eine gewisse Schwelle nicht überscheiten darf: es darf die bestehende Ordnung nicht ernsthaft gefährden; es ist ein Ausmaß, das gerade nicht zum Aufstand führt. Diese Schwelle auszubalancieren macht heute die Kunst des Regierens aus.

Vor diesem Hintergrund stellt sich weniger die Frage nach der Verhinderung und Beendigung bedrohlicher Prekarität, die den Zerfall der Ordnung vorantreibt. Vielmehr geht es darum, zu verstehen, wie wir gerade durch Prekarisierung regiert werden und uns selbst regierbar halten. Für die Analyse dieser Regierungstechniken ist ein Denken wenig hilfreich, das in diversen Zusammenhängen das mögliche Auseinanderbrechen der Gesellschaft, die Anomie, den Bürgerkrieg imaginiert. Vielmehr stellt sich die Frage, an welchen Orten dieser Regierungsmechanismen Bruchstellen, Potenziale für Widerständigkeit zu finden sind.

## (SELBST-)REGIERUNG

Die Analyse des Prekären, die ich in diesem Buch entfalte, fokussiert den Begriff der ›Regierung‹. Michel Foucault zeigt, dass die ›westlichen‹ Praxen des Regierens genealogisch auf die christliche Pastoralmacht zurückgeführt werden können. Bereits in diesem machtvollen Vorspiel der modernen gouvernementalen Kunst des Regierens geht es um eine Kunst, Menschen zu regieren, und nicht Dinge oder Territorien. Bereits bei der pastoralen Machtform sind spezifische Weisen der Individualisierung, mithin zu einem abendländisch-modernen Subjekt zu werden, zugleich Bedingung und Effekt. Individualisierung bedeutet Vereinzelung, und in einer solchen Separierung geht es darum, sich in erster Linie über imaginäre Verhältnisse zu sich selbst, zu seinem ›eigenen‹ Inneren zu konstituieren und erst in zweiter Linie und in geringerem Maß über Beziehungen zu anderen. Diese Innerlichkeit, dieser Selbstbezug ist indes kein Ausdruck von Unabhängigkeit, sondern das entscheidende Element der pastoralen Gehorsamsbeziehung.[1]

---

[1] Vgl. Foucault, Michel: *Sicherheit, Territorium, Bevölkerung. Geschichte der Gouvernementalität I, Vorlesung am Collège de France 1977–1978*, übers. von Claudia Brede-Konersmann und Jürgen Schröder, hrsg. von Michel Sennelart, Frankfurt/M. 2004, S. 267f.

Entsprechende Praxen der Regierung bestehen demnach darin, durch andere im eigenen Verhalten geführt zu werden, eben gerade so, dass es zu Selbstverhältnissen kommt, die dann im besten Fall als Unabhängigkeit und Autonomie wahrgenommen werden. Die Kunst der Regierung besteht im Allgemeinen darin, die »Führung zu lenken«[2], im Einwirken auf das Verhalten anderer durch deren Individualisierung. Das bedeutet allerdings keineswegs unausweichlich, dass die Einzelnen in einem *circulus vitiosus* zwischen Fremd- und Selbstführung gefangen sind. Bereits im Mittelalter finden sich unzählige Beispiele für »Gegen-Verhalten im Sinne von Kampf gegen die zum Führen von anderen eingesetzten Verfahren«[3].

Im 18. Jahrhundert erfuhr die Pastoralmacht eine grundlegende Transformation: Die Gesetze, denen man sich zu unterwerfen hatte, waren nun nicht mehr jene des Königs oder der Kirche, sondern es waren die selbst gesetzten Gesetze der Bürger. Diese moderne, männliche, bürgerliche Form der Souveränität erforderte Subjektivierungsweisen in der Ambivalenz zwischen Selbstbestimmung und Unterwerfung, zwischen Selbstgestaltung und Gehorsam, zwischen Freiheit und Servilität. Für den modernen Bürger gilt: Werden soziale und politische Verhältnisse, wird das eigene Leben durch die eigenen (Mit-)Entscheidungen als gestalt- und beeinflussbar wahrgenommen, so unterwerfen sich die Bürger – im Glauben an die kollektive sowie die darin implizierte eigene Souveränität, Autonomie

---

2 Foucault, Michel: »Subjekt und Macht«, übers. von Michael Bischoff, in: ders.: *Schriften in vier Bänden. Dits et Ecrits, Band IV: 1980–1988*, Frankfurt/M. 2005, S. 269–294, hier S. 286.

3 Foucault, *Sicherheit, Territorium, Bevölkerung*, a.a.O., S. 292.

und Freiheit – den gesellschaftlichen Verhältnissen freiwillig.

Doch Selbstregierungsweisen dienen nicht allein dem Sich-selbst-und-andere-regierbar-Machen. In ihnen entsteht zugleich das Potenzial, nicht auf die bestehenden Arten regiert und sogar immer weniger regiert zu werden. In der Analyse der Regierung durch Unsicherheit, der Regierung der Prekären, gilt es die Aktualisierung dieser doppelten Ambivalenz der Gouvernementalität unter neoliberalen Bedingungen zu verstehen: die Ambivalenz zwischen Fremd- und Selbstregierung wie auch die Ambivalenz *in* der Selbstregierung: zwischen servilem Regierbar-Machen und den Zurückweisungen, die darauf abzielen, nicht mehr dermaßen regiert zu werden. Wenn in diesem Buch gefragt wird, weshalb Proteste gegen die Regierung durch Unsicherheit so schwierig und selten sind, dann bedeutet das, die offensichtliche Dominanz der servilen Seite der prekären Selbstregierung zu problematisieren. Diese Seite ist nicht zu trennen von der gegenwärtig hegemonial werdenden Form der Arbeit, die die ganze Person fordert, in erster Linie auf Kommunikation, Wissen und Affekt beruht und als virtuose Arbeit in neuer Weise öffentlich wird.

## KRISE DES KOLLEKTIVEN, CHANCEN FÜR DAS GEMEINSAME

Seit der Herausbildung kapitalistischer Produktionsverhältnisse war die Freiheit der Arbeitskraft für viele keine Garantie gegen existenzielle Verletzbarkeiten. Lohnarbeit brachte weder Absicherung noch Unabhängigkeit.[4] Erst erkämpfte kollektive sozialstaatliche Sicherungsinstitutionen konnten eine relative Unabhängigkeit gewährleisten, maßgeblich für den die Familie ernährenden Mann. Die relationale Reproduktions- und Sorgearbeit musste für diese Form von Sicherung feminisiert, domestiziert und hinsichtlich ihrer Qualität als Arbeit abgewertet werden.[5] Die Absicherung der vornehmlich männlichen Unabhängigkeit hatte allerdings den Vorteil, dass die abhängig Lohnarbeitenden zu organisieren und zu kollektiven Kämpfen zu versammeln waren.

Mit dem neoliberalen Ab- und Umbau kollektiver Sicherungssysteme und dem Anstieg befristeter, zunehmend prekärer Beschäftigungsverhältnisse, erodieren auch die Möglichkeiten der kollektiven Organisierung in Fabriken oder Berufsgruppen.

Neue Formen der Individualisierung durch die Beschäftigung manifestieren sich, die immer weniger und oft gar nicht durch traditionelle Institutionen der Interessenvertretung organisierbar sind. Wie lassen sich gegenwärtig aber neue Praxen der Organisierung finden, die zugleich diese Formen der Individualisierung durchbrechen? Wie lässt sich eine Perspektive auf soziale und politische Verhältnisse entwickeln, die Relationalitäten, Verbindungen und Abhängigkeiten zwischen den Einzelnen nicht abwehrt, das heißt Formen von Eigenständigkeit denkt und praktiziert, die von den Verbindungen mit anderen ausgehen?

---

4 Vgl. Castel, Robert: *Die Metamorphosen der sozialen Frage. Eine Chronik der Lohnarbeit*, übers. von Andreas Pfeuffer, Konstanz 2000.

5 Vgl. Federici, Silvia: *Caliban and the Witch. Women, the Body and Primitive Accumulation*, New York 2004.

Dies kann gelingen, wenn Prekarisierung nicht allein als bedrohlich wahrgenommen und abgewehrt wird, sondern das gesamte Gefüge des Prekären betrachtet und die aktuellen herrschaftssichernden Funktionen und subjektiven Erfahrungen von Prekarisierung zum Ausgangspunkt für politische Kämpfe gemacht werden.

Für ein solches Verständnis von Prekarisierung ist es notwendig, das Begriffsfeld des Prekären nach dessen Engführung durch den französischen sozialwissenschaftlichen Wortgebrauch seit Beginn der 1980er Jahre, samt dessen Einzug in die entsprechenden deutschsprachigen Debatten, wieder zu öffnen.[6] Wird Prekarisierung nicht mehr auf Mangel, Zwang und Angst beschränkt, dann verliert auch die Forderung nach einer einfachen »Politik der Entprekarisierung«[7] ihren Sinn, wenn sie nichts anderes will als die Reformulierung traditioneller sozialer Sicherungssysteme. Eine solche Politik wäre meines Erachtens nur sinnvoll, wenn damit hegemoniale politische und soziale Sicherheitslogiken moderner Nationalstaaten problematisiert und durchbrochen werden, wenn *Prekarität* und *Prekarisierung* in ihren Funktionen als Herrschaftsinstrumente analysiert werden, und wenn

---

6 Vgl. auch Precarias a la deriva: »Projekt und Methode einer ›militanten Untersuchung‹. Das Reflektieren der Multitude in actu«, übers. von Kathrin Held und Peter Tabor, in: Pieper, Marianne, Atzert, Thomas, Karakayalı, Serhat und Tsianos, Vassilis (Hg.): *Empire und die biopolitische Wende. Die internationale Diskussion im Anschluss an Hardt und Negri*, Frankfurt/M., New York 2007, S. 85–108, hier S. 93.

7 Dörre, Klaus: »Entsicherte Arbeitsgesellschaft. Politik der Entprekarisierung«, in: *Widerspruch. Beiträge zu sozialistischer Politik* 49, 2005, S. 5–18.

schließlich in der Anerkennung eines nicht hintergehbaren *Prekärseins* neue Weisen der Absicherung und des Schutzes vor Prekarität und Prekarisierung gefunden werden.

## PREKÄRE/S UND REPRÄSENTATIONSKRITIK

Ende der 1990er Jahre befürchten sowohl Pierre Bourdieu als auch Robert Castel, die beiden einfussreichsten Soziologen für die internationale Prekarisierungsforschung, explizit die Verunmöglichung kollektiven Widerstands im Kontext von Prekarität.[8] Während Castel die Bewegungen der Prekären in Europa, die EuroMayDay-Bewegungen, nur am Rande und relativ spät zur Kenntnis genommen hat[9], hat sie Bourdieu nicht mehr richtig erleben können. Er starb Anfang 2002, ein knappes halbes Jahr, nachdem am 1. Mai 2001 in Mailand die erste MayDay-Parade stattfand. Nicht nur am traditionellen Tag der Arbeit problematisierten die heterogenen Prekären in vielen europäischen Städten ihre Situationen und Erfahrungen,

---

[8] Vgl. Bourdieu, Pierre: »Prekarität ist überall«, übers. von Andreas Pfeuffer, in: ders.: *Gegenfeuer. Wortmeldungen im Dienste des Widerstands gegen die neoliberale Invasion*, Konstanz 1998, S. 96–102, hier S. 98; Castel, Robert: *Die Stärkung des Sozialen. Leben im neuen Wohlfahrtsstaat*, übers. von Michael Tillmann, Hamburg 2005, S. 65.

[9] Vgl. Castel, Robert: »Die Wiederkehr der sozialen Unsicherheit«, übers. von Thomas Atzert, in: Castel, Robert und Dörre, Klaus (Hg.): *Prekarität, Abstieg, Ausgrenzung. Die soziale Frage am Beginn des 21. Jahrhunderts*, Frankfurt/M., New York 2009, S. 21–34. Castel erwähnt hier die französischen Kulturschaffenden, die Intermittents.

die in korporatistischen Organisierungen häufig nicht gesehen werden. Ausgehend von identitäts- und repräsentationskritischen politischen Praxen sucht das transnationale Netzwerk EuroMayDay[10] nach neuen Formen der Organisierung der Unorganisierbaren.[11] Prekäre Arbeits- und Lebensverhältnisse werden als Ausgangspunkt für politische Kämpfe genommen, um nach politischen Handlungsmöglichkeiten in neoliberalen Verhältnissen zu suchen.

Das Außergewöhnliche an diesen sozialen Bewegungen ist nicht nur, auf welche Weisen darin neue Formen politischer Kämpfe erprobt und neue Perspektiven auf Prekarisierung vorangetrieben worden sind. Vielmehr – und das ist auffallend im Verhältnis zu anderen sozialen Bewegungen – haben sie immer wieder die scheinbar so getrennten Felder des Kulturellen und des Politischen durchquert und gequert. Im vergangenen Jahrzehnt fand der Austausch über das zum Teil subversive Wissen der Prekären, die kommunikative Suche nach dem Gemeinsamen, um eine politische Konstituierung zu ermöglichen, weniger in politischen oder auch universitären Kontexten, sondern auffallend häufig in Kunstinstitutionen und Sozialzentren (wie in Italien und Spanien) statt. Das ist nur ein Aspekt bei der Suche und Erfindung neuer Weisen der Zusammensetzung und der Organisierung, die – und

---

10 Für eine kurze Geschichte der EuroMayDay-Bewegung, vgl. Raunig, Gerald: *Tausend Maschinen. Eine kleine Philosophie der Maschine als sozialer Bewegung*, Bd. 7 der Reihe »es kommt darauf an«, Wien 2008, S. 67–82.

11 Vgl. *Kulturrisse. Zeitschrift für radikaldemokratische Kulturpolitik: »Organisierung der Unorganisierbaren«* 4, 2006, http://kulturrisse.at/ausgaben/042006.

da haben Bourdieu und Castel durchaus Recht – nur schwer in traditionellen Formen möglich sind.

Die Prekären lassen sich nicht vereinheitlichen und nicht vertreten, ihre Interessen sind disparat, klassische Formen korporatistischer Organisierung greifen nicht. Die vielen Prekären sind in den Produktionsverhältnissen sowie durch diverse Produktionsweisen zerstreut, die Subjektivitäten absorbieren und hervorbringen, ihre ökonomische Vernutzung ausdehnen, Identitäten und Arbeitsorte vervielfältigen. Prekär und zerstreut ist nicht nur die Arbeit, sondern auch das Leben.

Die Prekären sind in ihrer ganzen Unterschiedlichkeit tendenziell isoliert und individualisiert, weil sie befristeten Arbeiten nachgehen, sich von Projekt zu Projekt hangeln und oft aus den kollektiven Sicherungssystemen herausfallen. Es fehlen Interessenvertretungen und Repräsentationsformen für die unterschiedlichen Prekären.

Doch das ist keineswegs nur als Mangel zu begreifen, sondern bietet die Chance, ausgehend von den prekären Lebens- und Arbeitsverhältnissen neue, angemessene Formen des politischen Agierens zu erfinden. In den MayDay-Bewegungen wurde weniger ein kollektives Subjekt der Prekären zu repräsentieren versucht, es wurden vielmehr nicht-repräsentationistische Praxen erprobt. In dieser Hinsicht sind die Bewegungen der Prekären Vorläufer sowohl der Universitätsbesetzungen der Jahre 2008 und 2009 wie auch vor allem der aktuellen Besetzungsbewegungen und ihrem Insistieren auf Demokratie jenseits von Repräsentation. Paolo Virno schreibt: »Typisch für die postfordistische Multitude ist das Vorantreiben des Zusammenbruchs der politischen Repräsentation; nicht als anarchische Geste, sondern als überlegte und realistische Suche nach neuen politischen Formen.«[12]

In den MayDay-Bewegungen wurden immer wieder die verschiedenen Bedeutungen des Begriffes ›prekär‹ mit Erfahrungen der Einzelnen und politischen Praxen verbunden. Das Frassanito-Netzwerk umreißt in seiner Begriffsbestimmung von Prekarisierung vor allem im Zusammenhang der Migration die Ambivalenz der Begrifflichkeit folgendermaßen: »Prekarisierung steht also für ein umkämpftes Terrain: ein Terrain, auf dem die Ansätze, einen neuen Ausbeutungszyklus in Gang zu setzen, auf die Wünsche und subjektiven Verhaltensweisen treffen, in denen das Aufbegehren gegen das ›alte‹, fordistisch genannte Arbeitsregime und die Suche nach einem anderen, freien, ja auch ›flexiblen‹ Leben sich äußert.«[13] In der Prekarisierung laufen ein extremes Maß an Ausbeutung und eine ›Befreiung‹ aus traditionellen Ausbeutungsverhältnissen, die sich mit dem Produktionsapparat des Fordismus verbanden, in neuen Weisen der Subjektivierung zusammen.

---

[12] Virno, Paolo: »Das Öffentlichsein des Intellekts. Nichtstaatliche Öffentlichkeit und Multitude«, übers. von Klaus Neundlinger, in: *transversal: »Publicum«*, Juni 2005, http://eipcp.net/transversal/0605/virno/de.

[13] Frassanito-Netzwerk: »Prekär, Prekarisierung, Prekariat. Bedeutungen, Fallen und Herausforderungen eines komplexen Begriffs, und was das mit Migration zu tun hat …«, 2005, http://www.labournet.de/diskussion/arbeit/realpolitik/prekaer/frassanito.html.

Das Begriffsgefüge des Prekären lässt sich im weitesten Sinne als Unsicherheit und Verletzbarkeit, als Verunsicherung und Gefährdung beschreiben. Das Pendant des Prekären ist gewöhnlich der Schutz, die politische und soziale Immunisierung gegen alles, was als Gefährdung erkannt wird.[14] Politische Ideen des Schutzes vor Unsicherheit verdanken wir historisch nicht nur der Hobbes'schen Konzeption eines Sicherheitsstaates, der durch den repräsentierenden Souverän vor der Zerstörung von Eigentum und Leben durch gefährliche Andere im sogenannten Naturzustand schützt. Schutz vor Unsicherheit, vor dem Prekären, ist auch die Aufgabe der Sozialstaaten des 20. Jahrhunderts.[15] Zugleich verhindern weder Hobbes' Leviathan noch der Sozialstaat das Prekäre, sondern bringen jeweils neue historische Formen von Prekarität hervor, neue Unsicherheiten, vor denen sie wiederum schützen sollen.

Diejenigen, denen Sicherheit versprochen wird, sollen sich in der Regel nicht ohne Sorgen vor dem bedrohlichen, prekarisierten Anderen frei entfalten; sie sind zu Gehorsam und Unterordnung verpflichtet. Das Prekäre stellt mithin in historisch unterschiedlicher Weise die Bedingung wie auch den Effekt von Herrschaft und Sicherheit dar.

---

[14] Zu den unterschiedlichen herrschaftssichernden Dynamiken von Schutz und Bedrohung, die ich in der Begrifflichkeit der Immunisierung fasse, siehe Lorey, Isabell: *Figuren des Immunen. Elemente einer politischen Theorie*, Zürich 2011.

[15] Vgl. Castel, *Die Stärkung des Sozialen*, a.a.O.

Wenn sich Herrschaft in postfordistischen Gesellschaften allerdings nicht mehr über (soziale) Sicherheit legitimiert, sondern wir ein Regieren durch Unsicherheit erleben, dann stehen Prekäres und Immunes, Unsicherheit und Sicherung/Schutz immer weniger in einem Verhältnis des Gegensatzes, sondern mehr und mehr auch in einer Relation der Graduierung im Bereich einer regulierten Schwelle der (Noch-)Regierbarkeit. Eine entscheidende Grundlage für diese Entwicklung ist, dass sich Prekarisierung im Neoliberalismus in einem Normalisierungsprozess befindet, der Regieren durch Unsicherheit ermöglicht. Prekarisierung wird im Neoliberalismus gleichsam ›demokratisiert‹.

Um all diese Thesen weiter zu entfalten, unterscheide ich drei Dimensionen des Prekären: das Prekärsein, die Prekarität und die gouvernementale Prekarisierung.

Das *Prekärsein* bezeichnet – hier schließe ich mich den Überlegungen Judith Butlers an – eine sozialontologische Dimension von Leben und Körpern.[16] Mit Prekärsein ist keine anthropologische Konstante gemeint, kein transhistorischer Zustand des Menschseins, sondern eine Bedingung, die menschlichen wie nicht-menschlichen Lebewesen zu eigen ist. Vor allem aber ist Prekärsein nichts allein Individuelles und nichts, das im philosophischen Sinne ›an sich‹ existiert; es ist jederzeit relational und deshalb geteilt *mit* ande-

---

[16] Ich benutze im Deutschen den Begriff ›Prekärsein‹, wo Butler im Englischen *precariousness* einsetzen würde. Vgl. Butler, Judith: *Frames of War. When Is Life Grievable?*, London, New York 2009; sowie Butler, Judith: *Precarious Life. The Powers of Mourning and Violence*, London, New York 2004.

ren prekären Leben. Prekärsein bezeichnet die Dimension eines existenziell Geteilten, eine nicht hintergehbare und damit nicht zu sichernde Gefährdetheit von Körpern, nicht nur weil sie sterblich, sondern gerade weil sie sozial sind. Das Prekärsein als prekäres »Mit-Sein« im Nancy'schen Verständnis[17] ist eine Bedingung jeden Lebens, die historisch und geografisch sehr unterschiedliche Variationen zeitigt.

Die zweite Dimension des Prekären, die *Prekarität*, ist als Ordnungskategorie zu verstehen, die Effekte unterschiedlicher politischer, sozialer wie rechtlicher Kompensationen eines allgemeinen Prekärseins bezeichnet. Prekarität benennt die Rasterung und Aufteilung des Prekärseins in Ungleichheitsverhältnisse, die Hierarchisierung des Mit-Seins, die mit Prozessen des *Othering* einhergeht. Diese Dimension des Prekären fasst naturalisierte Herrschaftsverhältnisse, durch die Einzelnen die Zugehörigkeit zu einer Gruppe zugeschrieben oder verwehrt wird. Mit Prekarität sind gesellschaftliche Positionierungen der Unsicherheit gemeint, doch impliziert der Begriff weder Subjektivierungsweisen noch Handlungsmacht der Positionierten.

Die dritte Dimension des Prekären stellt die Dynamik der *gouvernementalen Prekarisierung* dar. Sie bezieht sich auf Regierungsweisen seit der Herausbildung industriekapitalistischer Verhältnisse und ist in modernen okzidentalen Gesellschaften historisch nicht zu trennen vom Ideologem bürgerlicher Souveränität.

---

17 Nancy, Jean-Luc: *singulär plural sein*, übers. von Ulrich Müller-Schöll, Berlin 2004.

Prekärsein bezeichnet zwar eine Bedingung des Lebens und zugleich die Grundlage des Sozialen und Politischen, aber erst als das Leben in die Politik eintrat[18], als sich im späten 18. und 19. Jahrhundert jene Biopolitik herausbildete, die Foucault problematisiert hat, steht in bis dahin nicht gekannter Weise die Erhaltung des Lebens jeder und jedes Einzelnen einer Bevölkerung zur Stärkung des Staates und im Dienste der Produktivität der kapitalistischen Ökonomie im Zentrum des Regierens. Im Zuge dieser neuen Regierungskunst entstehen regierbare biopolitische Subjektivierungen. Im 18. und 19. Jahrhundert verschränken sich biopolitische Subjektivierungen zunehmend mit Ideen von liberaler bürgerlicher Freiheit und demokratischer Selbstbestimmung.

Gouvernementale Prekarisierung bedeutet somit nicht nur die Verunsicherung durch Erwerbsarbeit, sondern ebenso eine Verunsicherung der Lebensführung und damit der Körper und Subjektivierungsweisen. Prekarisierung als *gouvernemental* zu verstehen ermöglicht es, die komplexen Wechselwirkungen eines Regierungsinstruments mit ökonomischen Ausbeutungsverhältnissen sowie Subjektivierungsweisen in ihren Ambivalenzen zwischen Unterwerfung und Ermächtigung zu problematisieren. Praxen der Ermächtigung wirken keineswegs automatisch emanzipatorisch, sondern sind in einer gouvernementalen

[18] Vgl. Foucault, Michel: *Der Wille zum Wissen. Sexualität und Wahrheit 1*, übers. von Ulrich Raulff und Walter Seitter, Frankfurt/M. 1983, S. 169; Lorey, Isabell: »Als das Leben in die Politik eintrat. Die biopolitisch-gouvernementale Moderne, Foucault und Agamben«, in: Pieper u.a., *Empire und die biopolitische Wende*, a.a.O., S. 269–292.

Perspektive als ausgesprochen ambivalent zu verstehen. Sie können Weisen der Selbstregierung bedeuten, die eine konforme Selbstgestaltung, eine angepasste Selbstbestimmung darstellen, die außerordentlich regierbar macht. Praxen der Ermächtigung können aber auch Anrufungen zur funktionalen Selbstregierung durchbrechen, verweigern, ihnen entfliehen.

In einer gouvernementalen Perspektive kann Prekarisierung nicht nur in ihren repressiven, rasternden Formen betrachtet werden, sondern ebenso in ihren ambivalent produktiven Momenten, wie sie über Techniken der Selbstregierung entstehen. In einer historischen Epoche, in der Kontingenz nicht nur in neuer Weise ökonomischen Verwertungsinteressen unterliegt, lässt sich mit dem Begriff der *gouvernementalen Prekarisierung* auch der produktive Umgang mit dem Unberechenbaren fassen, mit dem Nicht-Messbaren und Nicht-Modularisierbaren, mit dem, was einer Regierung durch Unsicherheit entgeht.

Keine der drei Dimensionen des Prekären tritt einzeln auf, sondern in historisch unterschiedlichen Verhältnissetzungen. Grundsätzlich lässt sich über die Relationalität zwischen Prekärsein und Prekarität sagen, dass dadurch unterschiedliche Formen von Herrschaft evoziert werden. Die sozialontologische Ebene wird als Bedrohung konstruiert, vor der eine politische Gemeinschaft manche schützen, immunisieren muss. Zur Legitimation des Schutzes mancher braucht es in der Regel eine Rasterung der Prekarität von als ›anders‹ Markierten. Dies zeichnet noch im besonderen Maße liberale Gouvernementalität aus. Das bedrohliche Prekärsein kann in die Konstruktion gefahrvoller Anderer gewendet werden, die entsprechend innerhalb und außerhalb der politischen und sozialen Gemeinschaft als ›Anormale‹ und ›Fremde‹ positioniert werden. Im Neoliberalismus befindet sich Prekarisierung nun in einem Normalisierungsprozess, in dem zwar liberale Ordnungsmuster der Prekarität modifiziert weiterbestehen, aber so, dass das existenzielle Prekärsein sich nicht mehr gänzlich durch die Konstruktion bedrohlicher Anderer verschieben und als Prekarität abwehren lässt; es aktualisiert sich vielmehr in der individualisierten gouvernementalen Prekarisierung der neoliberal Normalisierten.

In meinen Forschungen zur Regierung der Prekären geht es mir um die Entwicklung einer polit- und sozialtheoretischen Perspektive, die von der Verbundenheit mit anderen ausgeht und unterschiedliche Dimensionen des Prekären berücksichtigt. Die soziale Relationalität als primär zu verstehen heißt in Anbetracht des existenziellen Prekärseins eines jeden (Lebe-)Wesens nicht, von etwas auszugehen, das allen gleichermaßen gemeinsam ist. Die Anerkennung der sozialen Relationalität kann nur der Anfang dafür sein, sich auf Prozesse des Gemeinsam-Werdens einzulassen, auf Auseinandersetzungen um mögliche gemeinsame Interessen in der Unterschiedlichkeit der Prekären, um mit anderen in der Verweigerung des Gehorsams neue Formen der Organisierung und neue Ordnungen zu erfinden, die mit den bestehenden Regierungsweisen brechen.

Berlin, im März 2012

# 1. PREKÄRSEIN UND PREKARITÄT

Wie lässt sich zunächst auf einer theoretisch-systematischen Ebene der Zusammenhang zwischen Prekarität als Ungleichheitsverhältnis und existenziellem, sozialem Prekärsein verstehen, das Verhältnis zwischen der ersten und der zweiten Dimension des Prekären? In ihrem Buch *Frames of War* bietet Judith Butler Überlegungen dazu an. Sie verfolgt die schon in ihrem Essayband *Precarious Life* aufgeworfene politisch-philosophische Frage weiter, wann ein Leben als zu betrauerndes und damit als lebenswert gilt. Leider macht die deutsche Übersetzung von *precariousness/ precarious* als »Gefährdetheit« und »gefährdet« die Verbindung zu internationalen Debatten zum Prekären unsichtbar.[19] Die Anschlussfähigkeit ihrer Überlegungen legt Butler selbst erstmals auf nur wenigen Seiten in der Einleitung zu *Frames of War* nahe, wenn sie neben *precariousness* einen zweiten Begriff einführt: den der *precarity*[20]; womit sie gleichsam jenen – auch

---

[19] Vgl. Butler, Judith: *Raster des Krieges. Warum wir nicht jedes Leid beklagen*, übers. von Reiner Ansén, Frankfurt/M., New York 2010; und bereits *Precarious Life* als Butler, Judith: *Gefährdetes Leben. Politische Essays*, übers. von Karin Wördemann, Frankfurt/M. 2005.

[20] Butler, Judith: »Precarious Life, Grievable Life«, in: dies., *Frames of War*, a.a.O., S. 1–32, hier S. 23–32; zu weiteren Ausführungen zu *precariousness* und *precarity* siehe das Interview von Antke Engel mit Judith Butler: »Politics under Conditions of Precariousness and Violence«, in: Gržinić, Marina und Reitsamer, Rosa (Hg.): *New Feminism. Worlds of Feminism, Queer and Networking Conditions*, Wien 2008, S. 135–146; Judith Butler:

im Englischen erst zu etablierenden – Neologismus übernimmt, der seit einigen Jahren vor allem in den politisch-theoretischen und aktivistischen Diskursen zum Prekären benutzt wird.[21]

Butler konzipiert das allgemeine Prekärsein des Lebens, die Verletzlichkeit des Körpers nicht einfach als Bedrohung oder als Gefahr, vor der unbedingt geschützt werden muss. Sie plädiert dafür, nicht die Angst vor dem Prekärsein zu reproduzieren und damit traditionelle moderne Herrschaftslogiken zu stützen, sondern im Gegenteil die fehlende Anerkennung des grundsätzlich prekären Lebens als Ausgangspunkt für die Analyse von Herrschaftsverhältnissen zu setzen.

*Precariousness* als existenzielles Prekärsein bezeichnet das, was Leben im Allgemeinen ausmacht. Butler formuliert eine Ontologie, die nicht losgelöst von sozialen und politischen Bedingungen verstan-

---

»For and Against Precarity«, in: *Tidal. Occupy Theory, Occupy Strategy* 1, December 2011, S. 12f., http://occupytheory.org/TIDAL_occupytheory.pdf; Puar, Jasbir: »Roundtable on Precarity«, with Lauren Berlant, Judith Butler, Bojana Cvejić, Isabell Lorey, and Ana Vujanović, in: *Theatre Drama Review* 4, 2012.

[21] In den Diskussionen im Kontext der europäischen Bewegungen der Prekären wird im Deutschen nicht allein der Begriff der ›Prekarisierung‹ verwendet, sondern oft auch synonym dazu, ohne die hier aufgefaltete Begriffsdifferenzierung, ›Prekarität‹ oder auch ›Prekariat‹ (vgl. Raunig, *Tausend Maschinen*, a.a.O., S. 67-83). Schon bevor Butler selbst übrigens die Verbindung zur politisch-theoretischen und aktivistischen Diskussion um Prekarität herstellte, wurde ihr Begriff von *precariousness* bereits mit *precarity* verknüpft (vgl. Neilson, Brett und Rossiter, Ned: »From Precarity to Precariousness and Back Again: Labour, Life and Unstable Networks«, in: *Fibreculture* 5, 2005, http://five.fibreculturejournal.org/fcj-022-from-precarity-to-precariousness-and-back-again-labour-life-and-unstable-networks/).

den werden kann. Diese Bedingungen ermöglichen historisch-spezifische Seinsweisen, machen das Überleben von Körpern in bestimmter Weise möglich, die ohne die Einbettung in soziale, politische, rechtliche und ökonomische Verhältnisse nicht überlebensfähig wären. Und zugleich sind es genau diese Verhältnisse oder Bedingungen, die Leben gefährden. Deshalb gilt es, so Butler, die politischen Entscheidungen und sozialen Praxen zu fokussieren, durch die manche Leben geschützt werden und andere nicht.

Prekärsein wird mit der Geburt »koextensiv«[22], denn bereits das erste Überleben hängt von sozialen Netzwerken ab, von Sozialität und der Arbeit anderer. Die grundlegende soziale Abhängigkeit eines Lebewesens aufgrund seiner Verletzbarkeit, aufgrund der Unmöglichkeit eines gänzlich autonomen Lebens, verdeutlicht zudem – über Butler hinausgehend – die eminente Bedeutung von reproduktiver Arbeit. Leben hängt, weil es prekär ist, in entscheidendem Maße von Sorge und Reproduktion ab.

Prekärsein bezieht sich nicht auf das Leben selbst, sondern auf die Bedingungen seiner Existenz[23]; nicht das, was alle zu Gleichen macht, wird hier problematisiert, sondern das, was alle *teilen*. Das ›geteilte‹ Prekärsein lässt sich im Deutschen in einem doppelten Sinn verstehen: zum einen als das, was allen gemeinsam ist, zum anderen als das, was von anderen unterscheidet und separiert. Zwischen diesen beiden Bedeutungen von ›teilen‹ gilt es nicht scharf zu dif-

---

[22] Butler, Judith: »Gefährdetes Leben, betrauerbares Leben«, in: dies., *Raster des Krieges*, a.a.O., S. 9–38, hier S. 22.

[23] Vgl. ebd., S. 29.

ferenzieren, sondern sie sind in ihrer Ambivalenz zu betrachten. Teilen und Teilung sind dem allgemeinen und bedingten Prekärsein immer schon eingeschrieben: Gemeinsamkeit und Differenz, Verbindung und Separierung.

Prekärsein ist mithin weder eine unveränderbare Seinsweise noch eine existenzielle Gleichheit, sondern eine vielfältige unsichere Konstituierung von Körpern, die immer sozial bedingt ist. Als Geteiltes, das zugleich scheidend und verbindend ist, bezeichnet Prekärsein eine relationale Differenz, eine geteilte Verschiedenheit. Das Verbindende ist nichts Gemeinsames, auf das zurückgegriffen werden könnte; es ist vielmehr etwas, das im politischen und sozialen Handeln erst hergestellt wird.

Damit ist das geteilte Prekärsein zugleich jene Bedingung, die uns den Anderen aussetzt und von ihnen abhängig macht.[24] Diese soziale Interdependenz kann sich sowohl als (Für-)Sorge als auch als Gewalt äußern. Anders formuliert: Körper sind, weil sie prekär und damit endlich sind, von etwas außerhalb ihrer selbst, »von anderen, von Institutionen und von abgesicherten und sichernden Umwelten«[25] abhängig. Ohne Schutz, ohne Sicherung, ohne Sorge kann kein Leben überleben, und zugleich und trotzdem bleibt es immer dem Risiko und der Gefahr des Todes ausgesetzt. »Kein noch so starker Wille und kein noch so großer Wohlstand können die Möglichkeit ausschließen, dass

---

[24] »Prekäres Leben ist eine verallgemeinerte Bedingung und ist doch paradoxerweise der Zustand des Bedingtseins selbst *[the condition of being conditioned]*« (ebd., S. 30, veränd. Übers.).

[25] Ebd., S. 29.

ein lebendiger Körper Unfälle oder Krankheiten erleidet«, so Butler.[26]

Die Annahme, das Leben könnte oder müsse gar, weil es prekär und gefährdet, weil es einer existenziellen Verletzbarkeit ausgesetzt ist, rechtlich oder auf welche Weise auch immer gänzlich geschützt und abgesichert werden, ist nichts als eine Fantasie der Omnipotenz.[27] *Obwohl* sie Schutz brauchen, sind lebende Körper niemals vollständig zu schützen, gerade auch weil sie stets sozialen und politischen Bedingungen ausgesetzt sind, unter denen das Leben prekär bleibt. Die Bedingungen, die das Leben ermöglichen, sind zugleich genau jene, die es als prekäres bewahren. Jede Sicherung erhält das Prekäre; jeder Schutz und jede Sorge bewahren Verletzbarkeit; nichts gewährleistet Unverwundbarkeit.

Das geteilte Prekärsein als relationale Differenz existiert nicht jenseits des Sozialen und der Politik und damit nicht unabhängig von einer zweiten Dimension des Prekären, nämlich der hierarchisierenden Prekarität. Diese entspricht einer zweiten Form der Differenz: der klassifizierenden und diskriminierenden Differenz(ierung). Butler unterstreicht das paradigmatische Verhältnis von Prekärsein, Prekarität und Herrschaft in der okzidentalen Moderne und betont den Einschnitt, den die Hobbes'sche Staatstheorie bedeutet hat, nämlich das geteilte Prekärsein in erster Linie als Bedrohung zu konzipieren: als Ängstigung und Verängstigung durch die Anderen und durch die mit ihnen

[26] Ebd., S. 36.
[27] Vgl. ebd., S. 25.

geteilte Verletzbarkeit.[28] »Eben weil sich jeder Körper potenziell von anderen bedroht sieht, die *per definitionem* ihrerseits prekär sind, entstehen verschiedene Formen der Herrschaft.«[29] Herrschaft wendet das existenzielle Prekärsein in eine Angst vor verletzenden Anderen, die zum Schutz der so Bedrohten bereits präventiv abgewehrt und nicht selten vernichtet werden müssen.[30] Das mit anderen geteilte Prekärsein wird hierarchisiert, bewertet, und die prekären Leben werden aufgeteilt. Diese Aufteilung produziert im gleichen Moment die »differenzielle Verteilung«[31] von symbolischen und materiellen Unsicherheiten, die Prekarität. Prekarität als hierarchisierte Differenz in der Unsicherheit entsteht durch die Aufteilung, die Kategorisierung des geteilten Prekärseins. Die Klassifizierung des unhintergehbar Geteilten produziert Ungleichheit. Prekarität lässt sich mithin als ein funktionaler Effekt eben jener politischen und rechtlichen Regulierungen

---

[28] Vgl. auch Esposito, Roberto: *Communitas. Ursprung und Wege der Gemeinschaft*, übers. von Sabine Schulz und Francesca Raimondi, Berlin 2004.

[29] Butler, »Gefährdetes Leben«, in: dies., *Raster des Krieges*, a.a.O., S. 36, veränd. Übers.

[30] Eine solche binäre Herrschaftssicherung habe ich an anderer Stelle als *juridische Immunität* bezeichnet. In dieser immunisierenden Dynamik werden die als Bedrohung konstruierten Prekären in ein ›Außen‹ abgewehrt. Die bedrohlichen Prekären können aber auch in der Dynamik der *biopolitischen Immunisierung* in eine politische Gemeinschaft hineingenommen und dadurch in ihrer Bedrohung neutralisiert und integriert werden – diese Dynamik des Immunen entspricht eher der normalisierten gouvernementalen Prekarisierung (vgl. Lorey, *Figuren des Immunen*, a.a.O.).

[31] Butler, »Gefährdetes Leben«, in: dies., *Raster des Krieges*, a.a.O., S. 37.

verstehen, die gerade vor dem allgemeinen, dem existenziellen Prekärsein schützen sollten. In dieser Perspektive bedeutet Herrschaft die versuchte Absicherung mancher vor existenziellem Prekärsein, und zugleich basiert dieses Privileg des Schutzes auf einer differenziellen Verteilung von Prekarität auf all diejenigen, die als anders und als weniger schützenswert betrachtet werden.

# 2 . BIOPOLITISCHE GOUVERNEMENTALITÄT

Um die dritte Dimension des Prekären, die gouvernementale Prekarisierung, entfalten zu können, gilt es zunächst jenen politisch-ökonomischen Rahmen zu beschreiben, den ich ›biopolitische Gouvernementalität‹ nenne.[32] Michel Foucault hat mit dem Begriff ›Gouvernementalität‹ die strukturelle Verstrickung zwischen der Regierung eines Staates und den Techniken der Selbstregierung in modernen okzidentalen Gesellschaften bezeichnet. Diese Verstrickung zwischen Staat und Bevölkerungssubjekten kann als *der* politische wie auch ökonomische Paradigmenwechsel hin zur okzidentalen Moderne verstanden werden.

Erst im Laufe des 18. Jahrhunderts setzte sich durch, was sich seit dem 16. Jahrhundert angebahnt hatte: eine neue Regierungstechnik, genauer die Kraftlinien moderner Regierungstechniken bis heute. Der traditionelle Souverän, für den Foucault prototypisch die Figur von Machiavellis *Principe* aus dem 16. Jahrhundert anführt, und die vertragsgebundene freiwillige Untertanengemeinschaft von Hobbes im 17. Jahrhundert waren noch nicht an der Führung ›der Menschen‹ zu deren Wohl interessiert, sondern in erster Linie an

---

32 Zu biopolitischer Gouvernementalität als gesellschaftstheoretisches Konzept siehe Lorey, »Als das Leben in die Politik eintrat«, in: Pieper u.a., *Empire und die biopolitische Wende*, a.a.O.

deren Beherrschung zum Wohle des Souveräns.[33] Erst im Laufe des 18. Jahrhunderts, als Liberalismus und Bürgertum hegemonial wurden, trat die Bevölkerung in den Fokus der Macht, und mit ihr ein Regieren, das am Leben und Besser-Leben ›der Menschen‹ orientiert war. Denn die Stärke des Staates hing nun nicht mehr allein von der Größe eines Territoriums ab oder von der merkantilistischen, autoritativen Reglementierung der Untertanen[34], sondern vom ›Glück‹ der Bevölkerung, von deren Leben und Immer-besser-Leben.[35]

Regierungsmethoden wandelten sich im Laufe des 18. Jahrhunderts immer weiter hin zu einer politischen Ökonomie des Liberalismus: einer Selbstbegrenzung von Regierungstechniken zugunsten eines freien Marktes einerseits und Bevölkerungssubjekten andererseits, die in ihrem Denken, in ihrem Verhalten auch an wirtschaftliche Paradigmen gebunden waren. Diese Bevölkerungssubjekte waren nicht einfach durch Repression und Gehorsam unterworfen, sondern wurden regierbar, wie Foucault in seinen Vorlesungen zur Gouvernementalität schreibt, indem ihre Anzahl, »ihre Lebenserwartung, ihre Gesundheit, ihre Verhaltensweisen sich in vielschichtigen und verwickelten Bezie-

---

[33] Vgl. Foucault, *Sicherheit, Territorium, Bevölkerung*, a.a.O., S. 134–172.

[34] Der Merkantilismus orientiert sich zwar bereits am Wachstum der Bevölkerung, aber eher hinsichtlich quantitativer Aspekte als auf die Lebensqualität ›der Menschen‹ hin orientiert.

[35] Zum hier gemeinten historischen Verständnis von ›Glück‹ und ›Glückseligkeit‹ siehe Lorey, Isabell: »Der Traum von der regierbaren Stadt. Zu Pest, Policey und Staatsraison«, in: *transversal: »Art and Police«*, Juni 2007, http://eipcp.net/transversal/1007/lorey/de.

hungen zu diesen Wirtschaftsprozessen«[36] befanden. Liberale Regierungsweisen lieferten die Grundstruktur moderner Gouvernementalität, die immer biopolitisch war.[37] Oder anders: Der Liberalismus gab ebenso den ökonomischen und politischen Rahmen von Biopolitik ab, wie diese als »ein unerläßliches Element bei der Entwicklung des Kapitalismus«[38] auftrat.

Die Stärke und der Reichtum eines Staates hingen zum Ende des 18. Jahrhunderts immer mehr von der Gesundheit seiner Bevölkerung ab. Eine daran orientierte Regierungspolitik bedeutet im bürgerlich-liberalen Rahmen bis heute, Normalität fest- und herzustellen und dann zu sichern. Dazu wurde zunächst eine große Menge an Daten benötigt: Man stellte Statistiken auf, berechnete Wahrscheinlichkeiten von Geburten- und Sterblichkeitsraten, Krankheitshäufigkeiten, Wohnverhältnissen, Ernährungsweisen usw. Das genügte allerdings nicht. Um den Gesundheitsstandard einer Bevölkerung herzustellen und zu maximieren, benötigte diese produktive, das Leben fördernde biopolitische Regierungsweise ebenso die aktive Teilnahme jedes einzelnen Individuums, das heißt dessen Selbstregierung.

In *Der Wille zum Wissen* schreibt Foucault: »Der abendländische Mensch *lernt* allmählich, was es ist,

---

[36] Foucault, Michel: *Die Geburt der Biopolitik. Geschichte der Gouvernementalität II, Vorlesung am Collège de France 1978–79*, übers. von Jürgen Schröder, hrsg. von Michel Sennelart, Frankfurt/M. 2004, S. 42.

[37] Zu einer der wenigen Stellen, an denen Foucault auf die Untrennbarkeit von moderner Gouvernementalität und Biopolitik hinweist, siehe ebd., S. 43.

[38] Foucault, *Der Wille zum Wissen*, a.a.O., S. 168.

eine lebende Spezies in einer lebenden Welt zu sein, einen Körper zu haben sowie Existenzbedingungen, Lebenserwartungen, eine individuelle und kollektive Gesundheit, die man modifizieren, und einen Raum, in dem man sie optimal verteilen kann.«[39] Foucault beschreibt hier zwei Dinge, auf die es mir ankommt: Der »abendländische Mensch« muss lernen, einen Körper zu haben, der nicht unabhängig von bestimmten Existenzbedingungen ist, das heißt, er muss lernen, dass ›sein‹ Prekärsein unterschiedliche Ausmaße zeitigt, auf die er Einfluss nehmen kann. Und zweitens muss er lernen, zu sich selbst ein Verhältnis zu entwickeln, das kreativ und produktiv ist, eines, in dem der ›eigene‹ Körper, das ›eigene‹ Leben, das ›eigene‹ Selbst und damit auch das ›eigene‹ Prekärsein gestaltbar wird; es ist ein Achten auf das Eigene, durch das zugleich die Bande zu den Anderen gelöst werden, die relationale Differenz zerteilt wird. Individualisierung ist die Voraussetzung für die okzidentale liberale Regierung des Körpers und des Selbst einer/s Jeden.[40] Biopolitisch-gouvernementale Selbstregierung entsteht demnach in den Momenten, in denen die sozialen Bedingungen des Prekärseins des Körpers und des gesamten Lebens für die Einzelnen als bearbeitbar und formbar wahrgenommen werden. Und mehr noch: Solche Weisen der Selbstregierung verstärken Fantasien über eine möglichst souveräne Beherrschung des ›eigenen‹ Prekärseins. Philipp Sarasin zeigt, wie im Kontext des abendländischen Hygienediskurses des

---

[39] Ebd., S. 170, Herv. IL.

[40] Zu den Genealogien von Individualisierung, die sich in die christliche Pastoralmacht zurückverflogen lassen, vgl. Foucault, *Sicherheit, Territorium, Bevölkerung*, a.a.O., S. 260ff.

ausgehenden 18. und beginnenden 19. Jahrhunderts »der Glaube« entstanden ist, »dass es der oder die Einzelne weitgehend selbst in der Hand habe, über Gesundheit, Krankheit oder gar den Zeitpunkt des Todes zu bestimmen«[41]. Derartige imaginäre Selbstsouveränisierungen verweisen auf Anstrengungen, die mit der existenziellen Gefährdetheit des Lebens verbundene Kontingenz bezwingen zu wollen, und sie entstehen nie unabhängig von gouvernementalen Dispositiven.

Im Kontext liberal-gouvernementaler Selbsttechniken bedeutet das Attribut ›eigen‹ stets einen »Besitzindividualismus« im Sinne MacPhersons.[42] Allerdings gelten solche an der Imagination des Eigenen orientierten Selbstverhältnisse zunächst nur für die bürgerliche Klasse, gegen Ende des 19. Jahrhunderts allmählich dann für die gesamte Bevölkerung. Nicht der Rechtsstatus eines Subjekts ist hier Thema, sondern strukturelle Bedingungen von Normalisierungsgesellschaften: Man muss in der Lage sein, sich selbst zu führen, sich als Subjekt einer Sexualität zu erkennen und zu lernen, einen Körper zu haben, der durch Achtsamkeit (durch Ernährung, Hygiene, Wohnen) gesund bleiben oder durch Unachtsamkeit krank werden kann; es gilt spezifische Selbsttechniken zu entwickeln, mithilfe deren die Bedingungen des Prekärseins beeinflussbar werden. In diesem Sinne muss die gesamte Bevölkerung zu biopolitischen Subjekten

[41] Sarasin, Philipp: *Reizbare Maschinen. Eine Geschichte des Körpers 1765–1914*, Frankfurt/M. 2001, S. 19.

[42] MacPherson, Crawford B.: *Die politische Theorie des Besitzindividualismus. Von Hobbes bis Locke*, Frankfurt/M. 1973.

werden.[43] Biopolitik ist bestrebt, das Ausgeliefertsein eines existenziellen Prekärseins durch spezifische Techniken der Selbstgestaltung zu reduzieren, um für die Bevölkerung durchschnittlich ein ökonomisch relativ produktives Leben zu gewährleisten.

In Bezug auf die Lohnarbeitenden bedeuten solche imaginären Selbstverhältnisse[44], dass der eigene Körper als Besitz des Selbst imaginiert wird, zu einem ›eigenen‹ Körper wird, den man als Arbeitskraft verkaufen muss. Auch in dieser Hinsicht ist das moderne ›freie‹ Individuum dazu gezwungen, sich durch machtvolle Selbstverhältnisse derart mitzuproduzieren, dass es seine Arbeitskraft gut verkaufen kann, um leben, immer besser leben zu können, das heißt, um das Prekärsein zu reduzieren.

Die »Künste des Regierens«[45] – wie Foucault Gouvernementalität auch genannt hat – bestehen in modernen Gesellschaften also nicht in erster Linie darin, repressiv zu sein, sondern in ›nach innen verlagerter‹ Selbstdisziplinierung[46], in einer Weise der

---

[43] Vgl. Lorey, »Als das Leben in die Politik eintrat«, in: Pieper u.a., *Empire und die biopolitische Wende*, a.a.O., S. 272–277; Lorey, *Figuren des Immunen*, a.a.O., S. 270.

[44] Diese imaginären Selbstverhältnisse sind in Anlehnung an Louis Althussers Überlegungen nicht von den »wirklichen Lebensbedingungen« – hier den gouvernementalen Techniken zur Regierung der Bevölkerung – zu trennen, die sich beispielsweise in der Konstituierung von Körpern materialisieren (vgl. Althusser, Louis: *Ideologie und ideologische Staatsapparate. Aufsätze zur marxistischen Theorie, Gesammelte Schriften*, übers. und hrsg. von Frieder Otto Wolf, 1. Halbbd., Hamburg 2010).

[45] Foucault, *Sicherheit, Territorium, Bevölkerung*, a.a.O., S. 135.

[46] Ich gehe davon aus, dass sich Selbstführung nicht erst im Neoliberalismus nach ›innen‹ verlagert und als regulatorisches

Selbstbeherrschung, die stets auch der Regulierung des ›eigenen‹ Prekärseins dient.

Bereits in der zweiten Hälfte des 17. Jahrhunderts schreibt John Locke, der laut Karl Marx »den bürgerlichen Verstand als menschlichen Normalverstand nachwies«[47], in seinen *Zwei Abhandlungen über die Regierung*, dass »[der Mensch] Herr seiner selbst ist und *Eigentümer seiner eigenen Person* und ihrer Handlungen oder *Arbeit*«[48]. Sowohl für den bürgerlichen Mann als Voraussetzung seiner formalen Freiheit als Staatsbürger als auch für den Arbeiter, der mit der Freiheit der Lohnarbeit seine Arbeitskraft besitzt und verkaufen muss, erlangte das Eigentum zu Beginn der Moderne eine vermeintlich »anthropologische Bedeutung«[49]. Dies wiederum schien die Voraussetzung, von der aus das Individuum unabhängig werden

---

Prinzip einsetzt. Regulation und Kontrolle sind keine Techniken, die sich gegen die Disziplin erst im Neoliberalismus durchsetzen (anders Deleuze, Gilles: »Postskriptum über die Kontrollgesellschaften«, in: ders.: *Unterhandlungen 1972–1990*, übers. von Gustav Roßler, Frankfurt/M. 1993, S. 254–262; Hardt, Michael und Negri, Antonio: *Empire. Die neue Weltordnung*, übers. von Thomas Atzert und Andreas Wirthensohn, Frankfurt/M., New York 2000). Gerade wenn mit Hygiene und Gesundheit den Reproduktionstechniken eine zentrale biopolitische Produktivität von (vergeschlechtlichten und rassifizierten) Körpern zugestanden wird, müssen diese Subjektivierungspraktiken mit dem Beginn der Moderne, spätestens zum Ende des 18. Jahrhunderts für das Bürgertum angesetzt werden.

47 Marx, Karl: *Zur Kritik der politischen Ökonomie, Marx-Engels-Werke, MEW* 13, 7. Aufl., Berlin 1971, S. 61.

48 Locke, John: *Zwei Abhandlungen über die Regierung*, übers. von Hans Jörn Hoffmann, hrsg. und eingel. von Walter Euchner, Frankfurt/M. 1977, II. §44, S. 227, Herv. i.O.

49 Castel, *Die Stärkung des Sozialen*, a.a.O., S. 24.

und sich aus dem traditionellen System von Unterordnung und Absicherung, das heißt aus der relativen Sicherung seines Prekärseins zum Preis des unfreien Gehorsams und der Abhängigkeit lösen konnte.

In einer biopolitisch-gouvernementalen Perspektive überschreitet die Bedeutung von Eigentum allerdings die begrenzten Ebenen von Staatsbürgerschaft, Kapital und Lohnarbeit und ist tatsächlich in aller Allgemeinheit zu verstehen. Denn körperliche Eigentumsverhältnisse gelten als gouvernementale Selbstregierung in einem biopolitischen Dispositiv für die gesamte Bevölkerung, nicht nur für den männlichen Bürger oder Arbeiter. Moderne Selbstverhältnisse basieren strukturell, auch über eine ökonomische Anrufung hinaus, auf einem Verhältnis zum eigenen Körper als Produktionsmittel. Dementsprechend implizieren besitzindividualistische Selbstverhältnisse Vorstellungen von einer sichernden Gestaltbarkeit des ›eigenen‹ Prekärseins gemäß klassen- und geschlechtsspezifischer Positionierungen sowie ethnischer, rassifizierter, sexualisierter und religiöser Zuschreibungen – ausgehend von und im Verhältnis zu einer nationalen, männlich heterosexuellen Norm.

Die Beherrschung des Eigenen und des Eigentums ist grundlegend für historisch spezifische, männlich konnotierte Ideen von Autonomie und Freiheit. Die Faktizität der Verbundenheit mit anderen im geteilten Prekärsein tritt darin in den Hintergrund und wird in der bürgerlichen Gesellschaft ab dem 18. Jahrhundert tendenziell vom ›Eigenen‹ in einen Bereich des ›Anderen‹ verschoben, der im Privaten weiblich konnotiert ist. Der gouvernementale maskulinistische Umgang mit dem ›eigenen‹ Prekärsein durch absichernden

Besitz, zu dem im bürgerlichen Verständnis auch die Eigenen als Ehefrau, Kinder und allenfalls Hausangestellte gehören, breitet sich zu Beginn des 20. Jahrhunderts mit Henry Fords Einführung des Familienlohns auch als materialisierende Ideologie auf die ArbeiterInnenschaft aus, nämlich als geschlechtsspezifische Arbeitsteilung in Produktionsarbeit auf der einen und die Reproduktion der Lohnarbeit sichernde, aber abgewertete und unbezahlte Arbeit im Haushalt auf der anderen Seite.[50]

Die normalisierende Selbstregierung basiert auf einer Imagination von Kohärenz, Identität und Ganzheit, die auf die Konstruktion eines männlichen, weißen, bürgerlichen Subjekts zurückgeht. Kohärenz wiederum ist eine der Voraussetzungen moderner souveräner Subjekte. Derart imaginierte ›innere‹, ›natürliche‹ Wahrheiten, derartige Konstruktionen von Authentizität also, nähren bis heute Vorstellungen davon, sich selbst und sein Leben frei, autonom und nach eigenen Entscheidungen gestalten zu können oder zu müssen, das heißt, souverän zu sein. Solche biopolitisch-gouvernementalen Macht- und Herrschaftsverhältnisse sind auch deshalb nicht leicht wahrzunehmen, da sie häufig als souveräne, als eigene, freie Entscheidung, als persönliche Einsicht daherkommen und bis heute das Begehren danach produ-

---

50 Vgl. Gramsci, Antonio: *Gefängnishefte. Kritische Gesamtausgabe*, 10 Bde., übers. von Klaus Bochmann u.a., hrsg. von Klaus Bochmann, Wolfgang Fritz Haug und Peter Jehle, Hamburg 1991–2001, hier Bd. 3, H. 4 §52, S. 529–533, und Bd. 9, H. 22 §11, S. 2085–2090; Ludwig, Gundula: *Geschlecht regieren. Zum Verhältnis von Staat, Subjekt und heteronormativer Hegemonie*, Frankfurt/M., New York 2011, hier bes. S. 76–81.

zieren, zu fragen ›Wer bin ich?‹ oder ›Wie kann ich mich selbst verwirklichen?‹. Der im Zuge neoliberaler Umstrukturierungen so häufig gebrauchte Begriff der Selbstverantwortung funktioniert in der Tradition dieser liberalen Technik der Selbstregierung.

In diesem breit verstandenen Sinn von Ökonomie und Biopolitik reichen die Linien der sich selbst vermarktenden Arbeitskraft, der UnternehmerIn ihrer selbst als Subjektivierungsweise bis zu den Anfängen moderner liberaler Gesellschaften zurück und sind kein gänzlich neoliberales Phänomen.[51] In einer solchen Perspektive scheint sich gegenwärtig über die Anrufung, eigenverantwortlich zu sein, etwas zu wiederholen, was bereits im 19. Jahrhundert nicht funktionierte, nämlich das Primat des Eigentums und die damit verbundene Konstruktion von Sicherheit. Eigentum wurde am Beginn bürgerlicher Herrschaft als Schutz gegen die Unwägbarkeiten der sozial bedingten Existenz angeführt und eingesetzt, als Sicherheit gegen die Verletzbarkeit durch die säkularisierte Gemeinschaft und die Herrschaft der Fürsten und Könige. Dies galt letztlich nur für wenige, und der Nationalstaat musste ab dem Ende des 19. Jahrhunderts für viele BürgerInnen die soziale Absicherung garantieren.

---

51 Anders Foucault, *Geburt der Biopolitik*, a.a.O. Er beschreibt den Unternehmer seiner selbst nur im Zusammenhang der Herausbildung neoliberaler Gouvernementalität; so auch die an ihn anschließende Forschung.

Foucault spricht von Vertuschung, und es ist wohl eine der bedeutendsten ideologischen Leistungen liberaler Gouvernementalität: die anhaltend als Paradox wahrgenommene Ambivalenz zwischen Ermächtigung und Unterwerfung. Dem Souverän wird in der Französischen Revolution zwar der Kopf abgeschlagen, doch Souveränität und ihre Theoretisierungen bleiben auch für die neue, moderne Regierungstechnik außerordentlich funktional. Nun allerdings nicht mehr als Beschreibung des Verhältnisses zwischen Souverän und Untertan, das den gesamten politischen und sozialen Körper abdeckt. Mit dem Ende der Adelsherrschaft ereignete sich ein Transfer juridischer Souveränität vom König auf das sogenannte ›Volk‹, das heißt auf die einzelnen männlichen, der Nation zugerechneten Bürger. Mittels Staatssouveränität konnte der Bürger nun »seine eigenen souveränen Rechte wahrnehmen«[52]. Aber diese »Demokratisierung von Souveränität«, die sich kollektiv zur ›Volkssouveränität‹ verstärkt, ist nicht die herausragende Errungenschaft der bürgerlichen Herrschaft. Eine solche Einschätzung überdeckt und »vertuscht«, dass diese demokratische Souveränität »zutiefst von den Mechanismen des Disziplinarzwangs durchdrungen war«[53], schreibt Foucault.

---

[52] Foucault, Michel: *In Verteidigung der Gesellschaft, Vorlesungen am Collège de France 1975–76*, übers. von Michaela Ott, Frankfurt/M. 1999, S. 47.

[53] Ebd.

Auf die Ambivalenz zwischen Selbstgesetzgebung und Zwang verweist bereits Jean-Jacques Rousseau in seiner Schrift zum *Gesellschaftsvertrag*. Die sich selbst regierenden Bürger sollen in ihrer Souveränität zugleich Untertanen sein. »[D]as Wesen der politischen Körperschaft«, so Rousseau, beruht »auf dem Zusammenklang von Gehorsam und Freiheit«[54]. Nur in dieser Gleichzeitigkeit von Unterwerfung und Freiheit, von Regulierung und Ermächtigung kommt die Regierbarkeit bzw. Selbstregierbarkeit souveräner bürgerlicher Subjekte zustande. Diese bürgerlich-demokratische Weise, zum Subjekt zu werden, wird bis heute allerdings nicht als konstituierende Ambivalenz wahrgenommen, sondern als Paradox, so als wäre eine Gleichzeitigkeit von Unterwerfung und Ermächtigung nicht denkbar. Doch im 18. Jahrhundert hat sich der abendländische Bürger nicht vom Untertan emanzipiert und als Souverän konstituiert. Das alte Verhältnis zwischen Souverän und Untertan verlagert sich vielmehr ›in ihn hinein‹; es wird zur grundlegenden Spannung biopolitisch gouvernementaler Subjektivierung.

Foucault sieht zwar diese Spannung und setzt sie auch ins Verhältnis zur neuen Kunst der Gouvernementalität[55], aber seine Problematisierung von Souveränität bleibt immer an das Recht (und sein Subjekt) gebunden und verkettet sich nicht mit Imaginationen von Selbstgestaltbarkeit, Kohärenz und Autonomie als

---

[54] Rousseau, Jean-Jacques: *Vom Gesellschaftsvertrag oder Grundsätze des Staatsrechts*, übers. und hrsg. von Hans Brockard, Stuttgart 1977, III 13, S. 100.

[55] Foucault, *Sicherheit, Territorium, Bevölkerung*, a.a.O., S. 161.

Bedingung und Effekt biopolitisch-gouvernementaler Subjektivierung.

Die Ambivalenz abendländisch-moderner Subjektkonstituierung basiert nicht allein auf einer bestimmten Konzeption von Staatsbürgerschaft. Biopolitisch-gouvernementale Subjektivierung im Allgemeinen – Selbstregierungsweisen in Normalisierungsgesellschaften – findet in derselben paradox anmutenden Logik statt wie die der (staats)bürgerlichen (Rechts-) Subjekte, also zwischen Unterwerfung und Ermächtigung. Mit der biopolitischen Aufforderung, sich am Normalen zu orientieren, mussten *alle* ein Verhältnis zu *sich* entwickeln, den eigenen Körper, das eigene Leben kontrollieren, indem sie sich selbst regulierten und so selbst führten. Bei aller Unterschiedlichkeit im Einzelnen war diese Anrufung zur Selbstregierung sowohl im Privaten wie im Bereich des Öffentlichen grundlegend, sowohl in der Familie als auch in der Fabrik oder der Politik.

Gerade weil Techniken des Sich-selbst-Regierens aus der Gleichzeitigkeit von Unterwerfung und Ermächtigung entstehen, aus der Ambivalenz von Zwang und Freiheit, werden die Individuen in dieser scheinbar paradoxen Bewegung nicht nur zu einem Subjekt, sondern zu einem bestimmten modernen, ›freien‹ Subjekt. »Macht«, so Foucault, »kann nur über ›freie Subjekte‹ ausgeübt werden, insofern sie ›frei‹ sind.«[56] Freiheit entspringt der gouvernementalen »Kunst des Regierens«[57]: »Die Freiheit [...] ist niemals

---

[56] Foucault, ,»Subjekt und Macht«, in: ders., *Schriften IV*, a.a.O., hier S. 287.

[57] Foucault, *Sicherheit, Territorium, Bevölkerung*, a.a.O., S. 140.

etwas anderes als ein Verhältnis zwischen Regierenden und Regierten.«[58] Nicht die Frage nach der Regulierung autonomer, freier Subjekte steht im Mittelpunkt der Problematisierung gouvernementaler Regierungstechniken, sondern die Regulierung der Verhältnisse, durch die sogenannte autonome und freie Subjekte überhaupt erst zu solchen werden.

Liberale Formen von Gouvernementalität zeichnen sich dadurch aus, dass die Regierbarkeit jeder und jedes Einzelnen innerhalb einer Bevölkerung immer auch durch die Art und Weise, wie er oder sie sich selbst führt, möglich wird. Die Kunst des Regierens, so Foucault, besteht im Führen der Führungen. Die Macht des Regierens ist keine, die allein repressiv von oben ausgeführt wird. Liberales gouvernementales Regieren bedeutet vielmehr das handelnde Einwirken auf Handlungen anderer, auf die »Wahrscheinlichkeit von Verhalten«[59]. Solchermaßen subjektiviert, nimmt dieses Subjekt immer wieder aufs Neue an der (Re-) Produktion der Bedingung für Gouvernementalität teil, da in diesem Szenario überhaupt erst die Möglichkeiten des Handelns entstehen.

Die Einzelnen, die sich in Machtbeziehungen bewegen, die darin geführt und regiert werden, sind immer

---

[58] Foucault, Michel: »Le Libéralisme comme nouvel art de gouverner«, in: Le Blanc, Guillaume und Terrell, Jean (Hg.): *Foucault au Collège de France: un itinéraire*, Bordeaux 2003, S. 205–212 (zit. n. Lemke, Thomas: »Dispositive der Unsicherheit im Neoliberalismus«, in: *Widerspruch. Beiträge zu sozialistischer Politik* 46, 2004, S. 89–98, hier S. 89).

[59] Foucault, »Subjekt und Macht«, in: ders., *Schriften IV*, a.a.O., S. 286.

»handelnde Subjekte«[60]: Subjekte mit Handlungsmacht. Im Handeln partizipieren sie an der Weise, wie sie regiert werden. Moderne Subjekte verkörpern liberal-demokratische Regierungsweisen durch Selbstregierung, durch die Art, wie sie leben. Partizipation ist der ›Motor‹ dieser gouvernementalen Biopolitik, doch nicht im herkömmlichen Sinn als politische Teilhabe, sondern als grundlegende Teilnahme durch Selbstregierung. Gerade dadurch, wie sie sich selbst führen, wie sie sich selbst regieren, werden die Einzelnen sozial, politisch und ökonomisch lenkbar und regulierbar. Die aktive Partizipation jeder/s Einzelnen an der Reproduktion von Regierungstechniken dient aber nie allein der Unterwerfung. Selbstführung muss nicht die herrschende Disziplin und Indienstnahme erfüllen. In der Ambivalenz zwischen Unterwerfung und Ermächtigung kann Selbstregierung stets auch immanente Kämpfe um die Art und Weise der Führung ermöglichen.[61] (Selbst-)Regierung auf Unterwerfungsmechanismen zu reduzieren hieße, diese Ambivalenz nicht wahrzunehmen und Widersprüchlichkeiten, soziale Kämpfe, Widerstandspotenziale zu unterschlagen.

Liberale Gouvernementalität braucht nicht nur eine gewisse Form der Freiheit, sondern zugleich auch Mechanismen der Sicherheit, der Ver-Sicherung.[62] Beide, die Freiheit wie die Sicherheit, verhindern

---

[60] Vgl. ebd., S. 285.

[61] Vgl. u.a. Foucault, Michel: *Was ist Kritik?*, übers. von Walter Seitter, Berlin 1992.

[62] Vgl. Foucault, *Sicherheit, Territorium, Bevölkerung*, a.a.O., S. 78; Bohlender, Matthias: *Metamorphosen des liberalen Regierungsdenkens. Politische Ökonomie, Polizei und Pauperismus*, Weilerswist 2007.

wechselseitig ihre Absolutheit, eine gewisse Unsicherheit ist nicht zuletzt durch diese Dynamik liberalen Regierungsweisen immanent. Der unmögliche Schutz vor dem Prekärsein findet ein Äquivalent in gouvernementalen Konzeptionen von Sicherheit, die sowohl politisch als auch ökonomisch ein Restrisiko kalkulieren.[63] Dennoch ist eine sozialstaatliche Absicherung gegenüber einigen existenziellen Gefahren und Risiken möglich – aber bisher nie für alle.

## ABSICHERUNG UND UNGLEICHHEIT

Liberale Gouvernementalität basierte im Rahmen ihres sozialstaatlichen Paradigmas der Absicherung auf mehreren Formen der Prekarität als Ungleichheit durch *Othering*: einerseits auf der unbezahlten Arbeit von (Ehe-)Frauen im Reproduktionsbereich des Privaten, andererseits auf der Prekarität all jener, die aus dem nationalstaatlichen Kompromiss zwischen Kapital und Arbeit als Anormale, Fremde und Arme heraus fielen sowie zugleich auf extremen Ausbeutungsverhältnissen in den jeweiligen Kolonien.[64] Prekarisiert waren all diejenigen, die der Norm und Nor-

---

[63] Vgl. auch Münkler, Herfried, Bohlender, Matthias und Meurer, Sabine (Hg.): *Sicherheit und Risiko. Über den Umgang mit Gefahr im 21. Jahrhundert*, Bielefeld 2010.

[64] Vgl. Mitropoulos, Angela: »Precari-Us?«, in: Berry Slater, Josephine (Hg.): *The Precarious Reader*, London 2005, S. 12–18; auch in: *transversal: »Precariat«*, März 2005, http://eipcp.net/transversal/0704/mitropoulos/en; für die deutsche Übersetzung vgl. »Prekär – Wir?«, übers. von Michael Sander und Thomas Atzert, http://www.05.diskursfestival.de/pdf/symposium_thinking_atzert_1.de.pdf.

malisierung des freien, souverän-bürgerlichen, weißen Subjekts mitsamt seinen Eigentumsverhältnissen nicht entsprachen und dieses bedrohten. Die abendländische Moderne mitsamt ihren Konzeptionen von Souveränität und Biopolitik ist ohne eine »politische Kultur der Gefahr«[65] nicht denkbar, ohne die permanente Gefährdung des Normalen, ohne imaginäre Invasionen ständiger, alltäglicher Bedrohungen wie Krankheit, Dreck, Sexualität, Kriminalität oder die Angst vor ›rassischer‹ Verunreinigung, vor der auf unterschiedliche Weise immunisiert werden muss.[66] Hier zeigt sich das vermeintliche Paradox biopolitischer Gouvernementalität in einem weiteren Aspekt: Diese Regierungsweise ermöglicht es, wie Cornelia Ott treffend formuliert, »daß sich die Menschen als einzigartige ›Subjekte‹ verstehen lernen, und schließt sie zugleich als amorphe, vereinheitlichte ›Bevölkerungsmasse‹ zusammen. [...] Dabei ist die Kehrseite des ›Rechts auf Leben‹ stets die Ausgrenzung bzw. Vernichtung des Lebens.«[67]

---

[65] Foucault, *Geburt der Biopolitik*, a.a.O., S. 101.

[66] Vgl. Lorey, Isabell: »Weißsein und die Auffaltung des Immunen. Zur notwendigen Unterscheidung zwischen Norm und Normalisierung«, in: Bock von Wülfingen, Bettina und Frietsch, Ute (Hg.): *Epistemologie und Differenz. Zur Reproduktion des Wissens in den Wissenschaften*, Bielefeld 2010, S. 99–111.

[67] Ott, Cornelia: »Lust, Geschlecht und Generativität. Zum Zusammenhang von gesellschaftlicher Organisation von Sexualität und Geschlechterhierarchie«, in: Dölling, Irene und Krais, Beate (Hg.): *Ein alltägliches Spiel. Geschlechterkonstruktionen in der sozialen Praxis*, Frankfurt/M. 1997, S. 104–124, hier S. 110. Zum Zusammenhang zwischen biopolitischer Vergesellschaftung und Kolonialismus siehe Lorey, Isabell: »Der weiße Körper als feministischer Fetisch. Konsequenzen aus der Ausblendung des deutschen Kolonialismus«, in: Tißberger, Martina, Dietze, Gabriele, Hrzán, Daniela und Husmann-Kastein, Jana (Hg.):

Die liberale Regierungsweise produziert Prekaritäten als ökonomische, soziale und rechtliche Ungleichheitsverhältnisse durch systematische Kategorisierungen und Hierarchisierungen nach ›Körper‹ und ›Kultur‹. In diesem Sinn verwende ich Prekarität als strukturelle Ordnungskategorie segmentierter Gewalt- und Ungleichheitsverhältnisse. Diese Dimension struktureller Ungleichheiten fehlt allerdings in Foucaults Konzeption von Gouvernementalität.[68]

Mithilfe der hierarchisierenden und diskriminierenden Gefahrenkultur werden im Wechselspiel zwischen Freiheit und Sicherheit, zwischen Selbstermächtigung und Zwang die Widersprüche der liberalen politischen Ökonomie angetrieben. Als immanenter Widerspruch liberaler Gouvernementalität ver/störte die prekarisierte Devianz immer wieder die stabilisierende Dynamik zwischen Freiheit und Sicherheit und war häufig Auslöser für kollektives Gegen-Verhalten und Kämpfe.

---

*Weiß – Weißsein – Whiteness. Kritische Studien zu Gender und Rassismus*, 2. Aufl., Frankfurt/M. u.a. 2009, S. 61–84.

[68] Ähnliche Kritikpunkte an der Foucault'schen Konzeption von Gouvernementalität äußern auch Sauer, Birgit: *Die Asche des Souveräns. Staat und Demokratie in der Geschlechterdebatte*, Frankfurt/M., New York 2001, S. 109; Engel, Antke: »Wie regiert die Sexualität? Michel Foucaults Konzept der Gouvernementalität im Kontext queer/feministischer Theoriebildung«, in: Pieper, Marianne und Gutiérrez Rodríguez, Encarnación (Hg.): *Gouvernementalität. Ein sozialwissenschaftliches Konzept in Anschluss an Foucault*, Frankfurt/M., New York 2003, S. 224–239; Demirović, Alex: *Das Problem der Macht bei Michel Foucault*, Working Paper des Instituts für Politikwissenschaft 2, Wien 2008.

Hegemoniale ökonomische Weisen der Subjektivierung und Selbstregierung wurden ab dem 19. Jahrhundert in liberal-kapitalistischen Gesellschaften nicht unabhängig von sozialen Sicherungstechniken und -institutionen praktiziert, die für immer mehr Menschen der nationalen Mehrheit soziale Unsicherheit reduzieren und das Risiko von Erwerbslosigkeit, Krankheit, Unfall und sozialem Ausschluss kalkulierbar halten sollten.[69] Die Institutionen des Vorsorgestaats dienten indes nicht in erster Linie dem Schutz und der Sicherheit der Arbeitenden, sondern zur Unterstützung von ökonomisch produktiven Selbstregierungstechniken vorsorgender, gehorsamer Bürger[70], die sich selbst absicherten und zugleich Andere prekarisierten. Das mit allen geteilte Prekärsein wird in dieser gouvernementalen Dynamik zu beherrschen versucht, indem zugleich vor allem die gefahrvollen ›Anderen‹ als Prekäre an den ›Rändern‹ gerastert und positioniert werden.

Im Neoliberalismus nun verschiebt sich die Funktion der Prekären hin in die gesellschaftliche Mitte und wird normalisiert. Damit kann sich auch die Funktion der bürgerlichen Freiheit transformieren: weg von der Abgrenzung vom prekären Anderen hin zur subjektivierenden Funktion in der normalisierten Prekarisierung. Während die Prekarität der Marginalisierten ihr bedrohliches und gefährliches Potenzial beibehält, ver-

---

[69] Vgl. Castel, *Die Metamorphosen der sozialen Frage*, a.a.O.; Ewald, François: *Der Vorsorgestaat*, übers. von Wolfram Bayer und Hermann Kocyba, Frankfurt/M. 1993.

[70] Vgl. Foucault, Michel: *Die Wahrheit und die juristischen Formen*, mit einem Nachwort von Martin Saar, übers. von Michael Bischoff, Frankfurt/M. 2003, S. 110–125.

wandelt sich Prekarisierung im Neoliberalismus zum normalisierten politisch-ökonomischen Instrument.

# 3. SOZIALSTAAT UND IMMUNISIERUNG

Die gegenwärtige sozialwissenschaftliche Forschung zu einem meist negativ konnotierten Begriff von »Prekarität« lässt sich in der Genealogie der liberalen Form von Prekarität als Ungleichheit verstehen, die sich teilweise in die sozialstaatliche Absicherung des existenziellen Prekärseins eingeschrieben hat. Die ausschließlich negative Bedeutung von »Prekarität«[71] geht auf die beiden französischen Soziologen zurück, deren Überlegungen bis heute die grundlegenden analytischen Parameter für die institutionalisierte sozialwissenschaftliche Prekarisierungsforschung vorgeben: Pierre Bourdieu und Robert Castel.[72] An Castels Argumentation lässt sich exemplarisch zeigen, in welcher Weise der allein negativen Konstruktion von »Prekarität« jene politisch-immunologische Funktion zukommt, die vor allem in der Adaption seiner Thesen im deutschsprachigen Raum reproduziert und engge-

---

[71] Die Verwendung von »Prekarität« mit Anführungszeichen kennzeichnet den allein negativ gebrauchten Begriff in der sozialwissenschaftlichen Prekarisierungsforschung, im Folgenden in erster Linie jenen von Robert Castel. Castel selbst verwendet, ohne einen Unterschied zu definieren, sowohl den Begriff ›Prekarität‹ als auch ›Prekarisierung‹. Der von mir im Gefüge des Prekären gebrauchte Begriff von *Prekarität* als Ordnungskategorie des *Othering* – der durchaus nicht ohne negative Komponenten zu verstehen ist – wird weiterhin ohne Anführungsstriche verwendet.

[72] Vgl. die 1997 gehaltene Rede von Bourdieu, »Prekarität ist überall«, in: ders., *Gegenfeuer*, a.a.O.; und das auf Französisch bereits 1995 erschienene Buch von Castel, *Die Metamorphosen der sozialen Frage*, a.a.O.

führt wird. Die biopolitisch-immunisierende Dynamik in Castels Positionierung bewegt sich zwischen Sicherheit und Schutz auf der einen und Gefährdung und Bedrohung auf der anderen Seite. Entsprechend bedient in seinen Analysen zu »Prekarität« der Sozialstaat die Seite des Schutzes, während sich »Prekarität« auf der potenziellen Seite der Gefährdung befindet – nicht nur derjenigen, die von mangelnden Absicherungen durch Erwerbsarbeit betroffen sind, sondern als Gefährdung der Gesellschaft als ganzer.

Wenn ich im Folgenden Castels Opposition von sicherem Sozialstaat und unsicherer »Prekarität« kritisiere, dann ist es keineswegs mein Interesse, einen neoliberalen Freiheitsdiskurs zu bedienen, der »die Befreiung der Individuen aus den Klauen des fürsorglichen und bevormundenden Staates«[73] feiert. Vielmehr stellen sich zwei Fragen: Wer war zum einen bereits im fordistischen Sozialstaatssystem nicht (genügend) abgesichert? In welcher Weise wird zum anderen soziale Unsicherheit gegenwärtig zu einem Bestandteil gesellschaftlicher Normalität? Wird »Prekarität« allein als Bedrohung und Unsicherheit konzipiert, dann ist sie immer zu einer Norm der Sicherheit in Kontrast gesetzt; sie verbleibt im Modus der Abweichung. Damit sind Prozesse der Normalisierung nicht zu fassen, die ich als Regulierung von Prekarisierungsweisen

---

[73] Sauer, Birgit: »Von der Freiheit auszusterben. Neue Freiheiten im Neoliberalismus?«, in: Bidwell-Steiner, Marlen und Wagner, Ursula (Hg.): *Freiheit und Geschlecht. Offene Beziehungen – Prekäre Verhältnisse*, Innsbruck u.a. 2008, S. 17–31, hier S. 18; vgl. auch Legnaro, Aldo: »Aus der neuen Welt. Freiheit, Furcht und Strafe als Trias der Regulation«, in: *Leviathan. Berliner Zeitschrift für Sozialwissenschaft* 2, 2000, S. 202–220.

und damit als neoliberales Steuerungsinstrument und Regierungstechnik verstehe.

## BIOPOLITISCHE IMMUNISIERUNG

Mit dem Begriff der ›biopolitischen Immunisierung‹ bezeichne ich eine moderne Dynamik zur Legitimation und Sicherung von Herrschaftsverhältnissen. Diese Figur des politischen Immunen ist – im Gegensatz zur juridischen Immunität – charakterisiert durch die Bewegung der *Hereinnahme*. Es handelt sich hierbei um eine Weise der Sicherung, die eine Bewegung in das zu Schützende herein impliziert. Dieses zu Schützende kann eine politische Gemeinschaft sein, ein sozialer Zusammenhang, zu dessen Schutz ein aus seinem ›Inneren‹ oder ›Eigenen‹ kommendes Übel differenziert werden muss. Zunächst wird ein solches Übel – nicht selten unterstützt durch einen Prozess des *Othering* – diskursiv am gesellschaftlichen Rand positioniert, um dann gespalten zu werden: in einen Teil, der im Verhältnis zur Immunisierung als›integrierbar‹ betrachtet wird, und einen anderen Teil, der als ›unheilbar‹ und zugleich tödlich für die Gemeinschaft konstruiert wird und deshalb aus dieser gänzlich ausgeschlossen werden muss. Die Sicherheit der Gemeinschaft wird durch die Integration eines neutralisierten und domestizierten Gefahrenpotenzials reguliert, das wiederum durch Sicherheitstechniken zu deren Legitimation mitproduziert wird.[74]

[74] Vgl. Lorey, *Figuren des Immunen*, a.a.O., S. 260–280.

Eine politisch-immunologische Perspektive ermöglicht es auch, danach zu fragen, in welcher Weise in einem gesellschaftstheoretischen Argumentationsmuster – wie im Zusammenhang der soziologischen Analyse von »Prekarität« – jenes Bedrohliche und Gefährliche konstruiert wird, vor dem der bisherige Schutz, die bisherige Immunisierung nicht mehr Bestand hat. Welche Vorstellungen von Gesellschaft, Staat und den Einzelnen zeichnen sich ab, wenn Macht- und Herrschaftsverhältnisse als solche verstanden werden, die sich in einer immunisierenden Dynamik zwischen Sicherheit und Unsicherheit, zwischen Schutz und Gefährdung legitimieren und reproduzieren?

Solche Bedrohungsszenarien haben in der Regel eine (Re-)Immunisierung von Herrschaftsverhältnissen zum Ziel, oder anders gesagt: Sie verweisen auf die Krise spezifischer Herrschaftsverhältnisse, deren Zerfall als Katastrophe dargestellt wird, gerade um jene Schutz- und Sicherheitstechniken (wieder)herzustellen, die zur Steuerung und Regulierung der Regierten nutzbar gemacht werden können.

Sicherheitsdiskurse kommen in diesem Zusammenhang nicht ohne Parameter von Bedrohung und Gefährdung aus, um ihre Immunisierung zu legitimieren.

Es geht bei modernen Immunisierungsdiskursen nicht mehr allein um potenzielle Gefahren von außen. Längst wird die Bedrohung immanent gewahr; die gefährdete, schwache Stelle ist Teil der Gesellschaft und kann, wenn man ihre Gefährdung nicht kontrolliert und reguliert, bestenfalls eingedämmt werden. Sollte sie sich aber ausbreiten – und eine solche proklamierte potenzielle Gefahr unterstreicht die Dringlichkeit des Argumentationsmusters – ist die gesamte Gesellschaft gefährdet und von Zerfall und Zusammenbruch bedroht.

Eine sehr alte Befürchtung einer solchen Zersetzung ist die des ›Bürgerkriegs‹, die Besorgnis über die damit möglicherweise verbundene Spaltung der Gesellschaft, über das Zusammenbrechen des ›sozialen Friedens‹, des gemeinsamen Konsenses, das Ende der Einheit eines gesellschaftlichen Organismus. Die größte Gefahr für einen sozialen oder politischen Körper liegt allerdings nicht im Aufruhr, im Kampf im Inneren allein, sondern in der Abspaltung, der Sezession, dem Auseinanderfallen. Die Bedrohungen, die dazu führen können, kommen in Konstruktionen moderner Sicherheitsgesellschaften nicht von außen, sondern entwickeln sich in einem nicht mehr regierbaren Übermaß, das aus dem Inneren der Schutzregulierung erwächst. Es geht dabei um all das, was aus der Ordnung herausfällt, ein Übermaß an zu Ordnendem, an dem, was in einem gewissen Umfang nicht mehr regulierbar, kontrollierbar, mithin nicht mehr regierbar zu sein scheint und die normale Ordnung herausfordert.

## DIE WIEDERKEHR DER UNSICHERHEIT

In seiner sozialgeschichtlichen Studie *Die Metamorphosen der sozialen Frage* zeigt Robert Castel – gegenwärtig einer der international einfussreichsten linken Arbeitssoziologen –, dass die mit Lohnarbeit verbundene Lebensstellung über viele Jahrhunderte hinweg eine der unsichersten, unwürdigsten und elendsten war. Wer in die Lohnarbeit »abrutschte«, der begab sich in »abhängige Arbeit« und damit in eine soziale Lage der Bedürftigkeit, ein Angewiesensein auf Fürsorge. Lohnarbeit führte lange Zeit zu Armut, zu einem Zustand, in dem man sich »der Not ausgesetzt«[75] sah und des Prekärseins in extremer Weise gewahr wurde. Erst im vergangenen Jahrhundert und in den meisten Fällen erst um den Beginn seiner zweiten Hälfte ist es europäischen und nordamerikanischen Sozialstaaten gelungen, die Lohnarbeit aus der Benachteiligung herauszulösen, an die Sicherung gegen soziale Risiken anzubinden und so eine »dem Zufall unterworfene Lebenslage«[76] in eine abgesicherte zu transformieren. Wenn Castel von sozialer Absicherung spricht, dann hat er eine »Gesellschaft der Individuen«[77] vor Augen, in der die Einzelnen »von Rechts wegen über minimale soziale Voraussetzungen für ihre Unabhängigkeit verfügen«[78]. Soziale Unabhängigkeit wird in diesen Manifestationen des Sozialstaats untrennbar mit dem an Erwerbstätigkeit geknüpften Bezug von Sozialleistungen verbunden.[79] Und soziale Unabhängigkeit ist zu verstehen als eine abgesicherte Form von Autonomie sowie eine relative Souveränität gegenüber dem existenziellen Prekärsein.

Seit mehr als dreißig Jahren sind wir allerdings, so Castel, mit dem Problem der Erosion und des Brüchigwerdens dieses Sozialgebäudes konfrontiert. Angesichts der massiven Destabilisierung des Lohnarbeitsverhältnisses und der neuerlichen umfassenden Unter-

---

[75] Castel, *Die Metamorphosen der sozialen Frage*, a.a.O., S. 11.

[76] Ebd.

[77] Castel, *Die Stärkung des Sozialen*, a.a.O., S. 131.

[78] Ebd., S. 132.

[79] Vgl. ebd.

werfung der Arbeit unter die Gesetze des Marktes sei von einer »Wiederkehr der Unsicherheit«[80] zu sprechen. Es geht nicht um eine schlichte Wiederholung des alten Elends, aber um eine Unsicherheit, die erneut an Lohnarbeit gebunden ist. Die Unabhängigkeit von vielen steht auf dem Spiel und damit die Gesellschaft als Ganzes. Zur Analyse der Bedrohlichkeit der gegenwärtigen sozialen und ökonomischen Entwicklung hat Castel ein Drei-Zonen-Modell angeboten: Zwischen einer »Zone der Integration« und einer der »Entkoppelung« befinde sich die instabile, in Ausdehnung befindliche Zone der »Prekarität«, der »sozialen Verwundbarkeit«[81].

Wie ich im Folgenden zeigen werde, entwickelt Castel seine Gesellschaftstheorie in der von mir oben beschriebenen immunologischen Dynamik zwischen Schutz und Bedrohung, zwischen Sicherheit und Gefährdung. In diesen Spannungsverhältnissen denkt er sowohl das Verhältnis von Individuum und Gesellschaft als auch den Staat. Die Herausforderung, die »Prekarität« seines Erachtens für gegenwärtige Gesellschaften – vor allem in Frankreich und Deutschland – bedeutet, beschreibt er in implizit biopolitisch-immunologischen Parametern. Castels Bedrohungsszenario ist nicht nur – wie vielfach von Seiten der Geschlechterforschung angemerkt worden ist – androzentrisch verfasst[82]; er versteht Prekarität vor allem als bedroh-

---

[80] Castel, »Die Wiederkehr der sozialen Unsicherheit«, in: Castel/Dörre, *Prekarität*, a.a.O.

[81] Vgl. u.a. Castel, *Die Metamorphosen der sozialen Frage*, a.a.O., S. 13.

[82] Vgl. u.a. Aulenbacher, Brigitte: »Die soziale Frage neu gestellt – Gesellschaftsanalysen der Prekarisierungs- und Geschlechterfor-

liche Anomie, als potenziell zerstörerischen Prozess: Der drohende Zerfall der Gesellschaft steht im Zentrum der Argumentation.

Es kommt nicht von ungefähr, dass Castel Thomas Hobbes als modernen Gewährsmann für seine historische Perspektive auf soziale und politische Unsicherheiten anführt.[83] Hobbes ist – wie bereits erwähnt – der erste moderne Staatstheoretiker, der mit dem Argument des Schutzes und der Sicherheit der Einzelnen deren Unterwerfung unter die Herrschaft des Leviathans legitimiert. Über das Versprechen des Schutzes soll die tödliche Gleichheit und Freiheit im Naturzustand beendet werden. Die Angst vor der schutzlosen Verwundbarkeit wird ersetzt durch die Furcht vor dem schützenden Leviathan.[84] Die Sicherung vor dem Prekärsein, das bei Hobbes mit dem bedrohlichen Anderen verschmilzt, verlangt den Gehorsam gegenüber dem Souverän. Freilich ist der autoritäre Gehorsamsstaat für Castel kein Vorbild für demokratisch verfasste Gesellschaften. Aber die Idee, dass der Staat die Einzelnen zu schützen hat, weil dies der Preis wie auch die Chance ist, mit anderen in einer Gesellschaft

---

schung«, in: Castel/Dörre, *Prekarität*, a.a.O., S. 65–80; Nickel, Hildegard Maria: »Die ›Prekarier‹ – eine soziologische Kategorie? Anmerkungen zu einer geschlechtersoziologischen Perspektive«, in: Castel/Dörre, *Prekarität*, a.a.O., S. 209–218; Völker, Susanne: »›Entsicherte Verhältnisse‹ – Impulse des Prekarisierungsdiskurses für eine geschlechtersoziologische Zeitdiagnose«, in: Aulenbacher, Brigitte und Wetterer, Angelika (Hg.): *Arbeit. Perspektiven und Diagnosen der Geschlechterforschung*, Münster 2009, S. 268–286.

[83] Vgl. Castel, *Die Stärkung des Sozialen*, a.a.O., S. 18.

[84] Vgl. Lorey, *Figuren des Immunen*, a.a.O., S. 243–248.

unabhängig zusammenzuleben,[85] übernimmt Castel für die gegenwärtige Analyse postfordistischer Erwerbsarbeitsverhältnisse vor dem Hintergrund neu regulierter und zugleich erodierender Sozialstaaten: »Es ist das Kollektive, das schützt.«[86]

Was seit dem 17. Jahrhundert im Rahmen verschiedener Formen moderner zentral-europäischer Staatlichkeit bekämpft werden muss, ist für Castel letztlich immer nur eines: die Unsicherheit der menschlichen Existenz, die Bedürfnisse nach Gefahrlosigkeit hervorruft, die in »Sicherheitsgesellschaften« indes zuallererst entstehen.[87] Seit der Aufwertung des Individuums in der Moderne entsprächen die historisch-spezifischen politischen, rechtlichen und sozialen Verhältnisse nichts anderem als der »Suche nach Schutzsystemen«[88]. Doch Gesellschaften, die sich über Verhältnisse des Schutzes und der Sicherheit konstituieren, erzeugen zugleich »ein Gefühl unzureichender Sicherheit«[89]; das Bewusstsein der Verwundbarkeit entsteht durch den Schutz selbst, besser noch: durch den stets unzureichenden Schutz. Sicherheit kann nie umfassend hergestellt werden; ein solcher Anspruch muss stets scheitern, »was Enttäuschungen und Res-

---

[85] Als Grundlage von Unabhängigkeit und Autonomie begreift Castel nicht nur soziale Sicherung, sondern auch die in Hobbes' Konzeption bereits angelegte rechtsstaatliche bürgerliche Sicherheit, verstanden als Unversehrtheit des Eigentums und der Person (vgl. Castel, *Die Stärkung des Sozialen*, a.a.O., S. 135).

[86] Castel, »Die Wiederkehr der Unsicherheit«, in: Castel/Dörre, *Prekarität*, a.a.O., S. 23.

[87] Vgl. Castel, *Die Stärkung des Sozialen*, a.a.O., S. 10 und S. 82ff.

[88] Ebd., S. 10.

[89] Ebd., S. 11.

sentiments hervorruft«[90]. Die höchste Aufgabe des modernen Staates kann also nicht in der Abschaffung, wohl aber in der ›Bändigung‹ sozialer und rechtlicher Unsicherheiten bestehen.[91]

Castel beschreibt die unterschiedlichen Formen eines solchen »Sicherungskonstrukt[s]«[92] auf eine Weise, als würde die gesellschaftliche Position von männlichen Bürgern für alle Mitglieder einer Gesellschaft, für die gesamte Bevölkerung gelten. Er reflektiert nicht, dass diesen bürgerlich-männlichen Positionierungen geschlechtliche Herrschaftsverhältnisse ebenso immanent sind wie Dominanzbeziehungen gegenüber jenen, die nicht als BürgerInnen eines jeweiligen Staates zählen. Castel verweist zwar darauf, dass Sicherheit auch für die Mehrheit einer Bevölkerung keineswegs das Ende gesellschaftlicher Ungleichheiten bedeutet oder gar den Schutz unter Gleichen herstellt.[93] Aber die Analyse von Ungleichheiten ist für Castel nicht von besonderem Interesse. Was bedroht

---

[90] Ebd. – Castel beschreibt »kollektive Ressentiments« und rassistische Einstellungen derjenigen, die zur französischen Mehrheitsgesellschaft zählen. Die »weiße Unterschicht, die *petits blancs*« (Castel, *Die Stärkung des Sozialen*, a.a.O., S. 74) suchten nach Sündenböcken für die Verschlechterung ihrer sozialen Lage und projizierten »soziale Konflikte auf direkt benachbarte gesellschaftliche Gruppen« (ebd., S. 72), nicht selten auf die different ethnisierten und rassifizierten BewohnerInnen aus den Banlieues. Castel wiederholt diese Argumentation auch an anderer Stelle (vgl. Castel, »Die Wiederkehr der Unsicherheit«, in: Castel/Dörre, *Prekarität*, a.a.O., S. 32).

[91] Vgl. ebd., S. 23.

[92] Castel, *Die Stärkung des Sozialen*, a.a.O., S. 18.

[93] Vgl. ebd., S. 44ff.; Castel, »Die Wiederkehr der Unsicherheit«, in: Castel/Dörre, *Prekarität*, a.a.O., S. 24.

und geschützt wird, ist in einem unmittelbaren Sinne immer der männliche Bürger, der männliche Arbeiter und das an ihm als Familienernährer ausgerichtete Normalarbeitsverhältnis.

Bei Castel bleibt unreflektiert, dass dieser moderne Bürger und Arbeiter in der Regel von staatlicher oder institutioneller Seite nur abgesichert war, indem zugleich die Konstruktion einer schützenden Männlichkeit im Privaten gewährleistet wurde. In der häuslichen Gemeinschaft stellte der Mann als Ehemann den patriarchalen Beschützer und Versorger der Familie, also der Frauen und Kinder, dar.[94] Schützende patriarchale Männlichkeiten und die entsprechend notwendige soziale und rechtliche Garantie der Herrschaft im Privaten sind die historische Kehrseite des Staatsschutzes gegenüber dem modernen (männlichen) Individuum.[95] Die modernen Ambivalenzen von Schutzbedürftigkeit und Freiheit, von Verwundbarkeit und zu schützendem Eigentum galten in einem solchen Spannungsverhältnis vor allem nicht für Besitzlose,

---

[94] Castel verweist sogar an einer Stelle darauf, dass in »der patriarchalisch organisierten Gesellschaft [...] Frauen, Kinder, Bedienstete geschützt« waren, der Preis für diesen Schutz aber im »Verlust ihrer Unabhängigkeit« (Castel, *Die Stärkung des Sozialen*, a.a.O., S. 131) bestand, sie demnach im Schutz unfrei waren. Dies bewegt ihn aber nicht dazu, diese geschlechts- und klassenspezifischen Abhängigkeiten systematisch in seine Analyse mit einzubeziehen.

[95] Vgl. u.a. Klinger, Cornelia: »Zwischen Haus und Welt: Zur sozialtopologischen Situierung der Kategorien Klasse, Rasse und Geschlecht. Ein Versuch«, in: Bayer, Michael, Mordt, Gabriele, Terpe, Sylvia und Winter, Martin (Hg.): *Transnationale Ungleichheitsforschung. Eine neue Herausforderung für die Soziologie*, Frankfurt/M., New York 2008, S. 159–194.

Bürgerinnen oder Nicht-BürgerInnen. In der untrennbaren Verwobenheit mit dem zu schützenden feminisierten Privaten werden jene existenziellen Verwundbarkeiten, vor denen moderne soziale und politische Sicherungstechniken bewahren sollen, zu männlich-heterosexualisierten. Die vergleichbaren potenziellen Verwundbarkeiten von Frauen (durch Krankheiten, Unfälle usw.) wurden beispielsweise in Deutschland bis in die 1970er Jahre in der Regel nur vermittelt über den Ehemann als Hauptverdiener und Hauptversicherten sozial abgesichert bzw. geschützt und mit einer fortgeschriebenen Feminisierung von Schutzbedürftigkeit verbunden. Moderne Sicherheitsdiskurse sind auf öffentlicher wie auf privater Ebene nicht selten in grundlegender Weise heteronormativ strukturiert.[96] Diese Komplexität staatlicher Schutzkonstruktionen und sogenannter Sicherheitsgesellschaften bleibt im Castel'schen Analyseraster ausgeblendet. Genau vor diesem Hintergrund muss allerdings die immunisierende Logik seiner Argumentation zu »Prekarität« problematisiert werden.

## DAS VIRUS DER »PREKARITÄT«

Das große Verdienst des Sozialstaates, so Castel, bestand darin, auch jene bis zu einem gewissen Grad schützen zu können, die nicht durch Eigentum abgesichert waren, jene »Volksschichten«, die ungeschützt

---

[96] Vgl. Young, Iris Marion: »The Logic of Masculinist Protection: Reflections on the Current Security State«, in: *Signs: Journal of Women in Culture and Society* 1, 2003, S. 1–25.

permanent von sozialer Unsicherheit, von unvorhersehbaren Gefährdungen wie Krankheit, Unfall und Arbeitsunfähigkeit »befallen« wurden und deshalb ständig drohender Armut ausgesetzt waren. Ohne staatlichen Schutz sind die Menschen der Unsicherheit – das zeigt Castels Wortwahl explizit – gleichsam einer ansteckenden Seuche ausgesetzt: »Wie ein Virus, das das Alltagsleben durchdringt, die sozialen Bezüge auflöst und die physischen Strukturen der Individuen unterminiert, wirkt sie [die soziale Unsicherheit, IL] auch demoralisierend, als Prinzip sozialer Auflösung.«[97] Diese gegenseitige Ansteckung[98] mit dem Virus der unberechenbaren sozialen Verwundbarkeit der Einzelnen und der beunruhigenden Abhängigkeit von Anderen ist genau die Bedrohung, die auf Schutz und Sicherheiten aufbauende Staaten und Gesellschaften in einem hohen Maß als Gefährdung konstituiert.[99]

Wenn die Vielen mit Unsicherheit kontaminiert werden und somit die Sicherheit der Mehrheit nicht mehr gewährleistet werden kann, zerfallen Legitimationsmuster von Herrschaft. Die Immunisierung durch Sicherheit ist gefährdet, wenn die Bevölkerung in einem gewissen Maß mit Unsicherheit infiziert zu werden droht.

In der Erwerbsarbeitsgesellschaft hat der Sozialstaat das Virus sozialer Verwundbarkeit »gebän-

---

97 Castel, *Die Stärkung des Sozialen*, a.a.O., S. 38.

98 Vgl. Castel, *Die Metamorphosen der sozialen Frage*, a.a.O., S. 385.

99 Vgl. Esposito, Roberto: *Immunitas. Schutz und Negation des Lebens*, übers. von Sabine Schulz, Berlin 2004.

digt«[100], die gegenseitige Ansteckung – auch als Potenzialiät der Revolte – weitgehend verhindert und gleichsam dagegen immunisiert, indem es ihm gelang, »die soziale Unsicherheit in den Griff bekommen zu haben, das heißt die *sozialen Risiken* effizient zu *reduzieren*«[101]. Die Zukunft wurde für die »große Mehrheit der Bevölkerung«[102] planbar, vor allem auch deswegen, weil »die Individuen kollektiven Vertretungsinstanzen angehörten«[103] und dadurch Sozialversicherungsleistungen entstehen konnten.

Was wir dagegen gegenwärtig erleben, ist »das Wiederauftreten massenhafter Verwundbarkeit«[104]. Die »kollektiven Sicherungssysteme [...] – der Staat und die homogenen sozioprofessionellen Gruppen – beginnen nun seit den siebziger Jahren *brüchig* zu werden«[105]. Es geht Castel in seinen Analysen darum, »das Ausmaß des *drohenden Bruches* ermessen zu können«[106]. Im Zentrum steht dabei die Bedrohung durch die »Wiederkehr der sozialen Unsicherheit«[107] und die erneute Verbreitung jenes Virus der potenziellen Zersetzung, das Castel auch »Prekarität« oder »Prekarisierung« nennt. »Prekarität und Prekarisie-

---

[100] Castel, »Die Wiederkehr der Unsicherheit«, in: Castel/Dörre, *Prekarität*, a.a.O., S. 23.

[101] Castel, *Die Stärkung des Sozialen*, a.a.O., S. 48, Herv. i.O.

[102] Castel, »Die Wiederkehr der Unsicherheit«, in: Castel/Dörre, *Prekarität*, a.a.O., S. 24.

[103] Castel, *Die Stärkung des Sozialen*, a.a.O., S. 51.

[104] Castel, *Die Metamorphosen der sozialen Frage*, a.a.O., S. 401.

[105] Castel, *Die Stärkung des Sozialen*, a.a.O., S. 55f., Herv. IL.

[106] Castel, *Die Metamorphosen der sozialen Frage*, a.a.O., S. 11, Herv. IL.

[107] Castel, »Die Wiederkehr der Unsicherheit«, in: Castel/Dörre, *Prekarität*, a.a.O.

rung bezeichnen somit Prinzipien des *Brüchigwerdens*, die sich nicht auf die unteren Schichten der Gesellschaft beschränken.«[108] Der relativ stabile, immunisierende, das heißt vor sozialen und ökonomischen Unsicherheiten aufgrund körperlicher Versehrung und sozialer Vereinzelung schützende Sozialstaat wird brüchig und damit selbst prekär. »Es existieren also stabile Situationen, die Gefahr laufen, destabilisiert zu werden. Es gibt Situationen der Verwundbarkeit, in denen die Betroffenen eine gewisse Zeit lang schlecht und recht durchhalten, die aber möglicherweise ebenfalls kippen.«[109]

Jene, die zusehends aus schützenden staatlichen Regulierungen herauszufallen drohen oder bereits herausgefallen sind, die im Sinne der sozialen Sicherung also immer weniger in gesellschaftlichen Kollektiven aufgehoben zu sein scheinen und damit der Sicherheitsordnung entgehen, will Castel – entgegen einem in den vergangenen Jahren in den Sozialwissenschaften laut vernehmbaren Diskurs[110] – nicht als »überflüssig« oder gar exkludiert verstehen.[111] Er spricht sich immer wieder dagegen aus, den »Rand« der sozialstaatlichen Ordnung – den er als Verunsicherung oder »Prekarität« fasst – als Überfluss im Sinne von ›überflüssig‹ zu analysieren. Das Überfließende,

---

[108] Ebd., S. 31, Herv. IL.

[109] Ebd., 29.

[110] Vgl. Bude, Heinz und Willisch, Andreas (Hg.): *Exklusion. Die Debatte über die ›Überflüssigen‹*, Frankfurt/M. 2008.

[111] Vgl. Castel, Robert: »Die Fallstricke des Exklusionsbegriffs«, übers. von Gustav Roßler, in: Bude/Willisch, *Exklusion*, a.a.O., S. 69–86, und Castel, »Die Wiederkehr der Unsicherheit«, in: Castel/Dörre, *Prekarität*, a.a.O.

diejenigen, die als überflüssig gelten, befinden sich für ihn nicht in einem Zustand des Außen.[112] Aber – und das ist das, was Castel wahrnimmt – sie bedrohen das »Zentrum«[113], jene also, die in die Gesellschaft »integriert« sind, die dazugehören, die normalisierte Mehrheit, die durch Beschäftigungsverhältnisse (noch) Abgesicherten. Nicht die Ansteckung selbst ist das Problem: Eine Sicherheitsgesellschaft kann das Risiko der Unsicherheit nicht vollkommen beseitigen. Die Bedrohung bestehender Herrschaftsverhältnisse der Sicherheit entsteht erst durch das Übermaß, durch die Überschreitung der Grenze der tolerierbaren Zahl der Ansteckungen. Es ist diese Immunisierungsdynamik einer Normalisierungsgesellschaft[114], die dem Zonenmodell von Castel zugrunde liegt.

Zu einem Innen oder Außen gerechnet zu werden oder sich selbst zu einem solchen zu zählen ist für Castel keine Frage von Entweder-oder, sondern ein prozessualer Verlauf zwischen Zonen. Statt einer strikten Grenze denkt er eher eine Art Schwelle der Ambivalenz zwischen Inklusion und Exklusion, zwischen der »Zone der Integration« und jener der »Entkoppelung«. Die ambivalente »Zwischenzone« ist die der »Prekarität«, der Verunsicherung und Gefährdung.[115] »Prekarität« entspricht einer »neue[n] Form der Unsicherheit, die in hohem Maße der Schwächung und Auflösung der schützenden Strukturen geschuldet ist, die sich im Innern der Lohnarbeitsgesellschaft herausgebildet hatten. Man muss folglich [...] von einer

---

112 Vgl. ebd., S. 29.
113 Castel, *Die Metamorphosen der sozialen Frage*, a.a.O., S. 20.
114 Vgl. Lorey, *Figuren des Immunen*, a.a.O., S. 260–280.
115 Castel, *Die Metamorphosen der sozialen Frage*, a.a.O., S. 13.

Unsicherheit [sprechen, IL], die weiterhin *von Strukturen der Absicherung umgeben und durchzogen* ist. Denn es gilt eine katastrophische Sicht der Dinge zu vermeiden.«[116]

Castel räumt ein, dass »Prekarität« kein Phänomen der sozial Schwachen oder der »Unterschichten« ist, sondern dass es auch »eine ›gehobene‹ Form von Prekarität«[117] gibt. Als Beispiel verweist er auf »die sogenannten *Intermittents du spectacle* in Frankreich – diskontinuierlich Beschäftigte im Theater-, Film- und Medienbereich«. Aber er fügt auch gleich hinzu: »Eine Prekarität dieser Art stellt sich gewiss anders dar und bringt andere Reaktionen sowie andere Verhaltensweisen hervor als die Prekarität in ›einfachen‹ Kreisen.«[118] Es steht außer Frage, dass Hierarchisierungen und Differenzen der Prekären reflektiert werden müssen. Castel grenzt jedoch mit seiner Argumentation nicht nur eine allein der Mittelschicht zugeschriebene »gehobene« »Prekarität« von einer anderen Form der »Prekarität« ab, die ausschließlich die am gesellschaftlichen Rand oder sozial ›tiefer‹ positionierten Gruppen betrifft. Mit dieser Spaltung macht er zugleich die intensiven Auseinandersetzungen und Kämpfe der *Intermittents*, die sich sehr rasch mit sogenannten »Randgruppen« zu den *Précaires Associés de Paris* zusammengeschlossen haben, in einem gewissen Sinn unsichtbar.[119] Es ist offensichtlich nicht in seinem Inte-

---

116 Castel, »Die Wiederkehr der Unsicherheit«, in: Castel/Dörre, *Prekarität*, a.a.O., S. 27, Herv. i.O.

117 Ebd., S. 32.

118 Ebd.

119 Vgl. Précaires Associés de Paris: »Intermittents du Spectacle. Zur sozialen Absicherung nicht nur der Kulturarbeit«, übers.

resse, Prekarisierung als ein Phänomen zu fassen, das sich allmählich normalisiert, mithin auch das »Zentrum« erfasst und schichtenübergreifende politische Kämpfe hervorrufen kann.

Dagegen unterstreicht Castel, »Prekarität« berühre »insbesondere die am stärksten benachteiligten Schichten. Vor allem dort besteht die Gefahr, dass sie zu

---

von Stefan Nowotny, in: *Kulturrisse. Zeitschrift für radikaldemokratische Kulturpolitik* 2, 2005, http://igkultur.at/igkultur/kulturrisse/1114329221/1114523445; GlobalProjekt/Coordination des Intermittents et Précaires d'Ile de France: »Spektakel diesseits und jenseits des Staates. Soziale Rechte und Aneignung öffentlicher Räume: die Kämpfe der französischen Intermittents«, übers. von Michael Sander, in: *transversal: »Precariat«*, Juli 2004, http://eipcp.net/transversal/0704/intermittents/de; Corsani, Antonella: »›Was wir verteidigen, verteidigen wir für alle.‹ Spuren einer Geschichte in Bewegung«, übers. von Karoline Feyertag, in: *transversal: »On Universalism«*, Juni 2007, http://eipcp.net/transversal/0607/corsani/de; Corsani, Antonella und Lazzarato, Maurizio: *Intermittents et précaires*, Paris 2008; Lazzarato, Maurizio: »Die Dynamik des politischen Ereignisses. Subjektivierungsprozesse und Mikropolitik«, übers. von Stefan Nowotny, in: Lorey, Isabell, Nigro, Roberto und Raunig, Gerald (Hg.): *Inventionen 1: Gemeinsam. Prekär. Potentia. Kon-/Disjunktion. Ereignis. Transversalität. Queere Assemblagen*, Zürich 2011, S. 161–174.

Das Kollektiv *Précaires Associés de Paris* ist ein Zusammenschluss von Intermittents-, Arbeitslosen- und gewerkschaftlichen Gruppen. Seit 2002 werden Besetzungsaktionen durchgeführt, »um einen Reflexions- und Diskussionsraum zwischen allen betroffenen Personen zu eröffnen, den Stimmen der Prekären Gehör zu verschaffen und gemeinsam für neue soziale Rechte zu kämpfen«. (Précaires Associés de Paris, »Intermittents du Spectacle«, in: *Kulturrisse*, a.a.O.). Zudem finden bei Demonstrationen Solidarisierungen von *Sans Papiers*-Organisierungen statt, wie beispielsweise am 8. Juli 2003 in Paris.

einer permanenten Bedingung des Lebens wird«[120] und zu einer »Entkopplung«, einem »sukzessive[n] Abhängen der Betroffenen […], das sie über den Rand der Gesellschaft hinaustreiben kann«[121].

Castels destabilisierte Zone der »Prekarität« ist keine, die automatisch und unausweichlich in die Richtung einer Entkoppelung und schließlich eines Bruchs, einer Sezession der Gesellschaft führt. Aber die Bedrohung ist durch den mangelnden Schutz, der sich in einer Situation der »Verwundbarkeit« zeigt, offensichtlich. Ob die Domestizierung und Zähmung der Verunsicherten als Heilung[122] durch Integration, ob der kollektive Schutz der Mehrheit als Immunisierung

---

120 Castel, »Die Wiederkehr der Unsicherheit«, in: Castel/Dörre, *Prekarität*, a.a.O., S. 31.

121 Ebd., 29. – Der Begriff des Abhängens ist in der deutschsprachigen Diskussion mit der Konstruktion des »abgehängten Prekariats« verbunden, das auf eine umstrittene Studie der SPD-nahen Friedrich-Ebert-Stiftung aus dem Herbst 2006 zurückgeht, in deren Folge Begriffe wie ›Prekariat‹ und ›Prekarität‹ erstmals in bürgerlichen Medien und von politischen AkteurInnen deutlich vernehmbar waren, allerdings – ganz im Sinne der Studie – um neue Konstruktionen von »Unterschichten« zu markieren (vgl. Karl, Frank: *Gesellschaft im Reformprozess*, Studie der Friedrich-Ebert-Stiftung, Bonn 2006; kritisch u.a. Altenhain, Claudio u.a. (Hg.): *Von »Neuer Unterschicht« und Prekariat. Gesellschaftliche Verhältnisse und Kategorien im Umbruch. Kritische Perspektiven auf aktuelle Diskurse*, Bielefeld 2008).

122 Ich spiele hier auf eine verschüttete etymologische Bedeutung des deutschen Wortes ›heilen‹ an, das nicht nur ›gesund‹, ›ganz‹ und ›unverletzt werden‹ meinen kann, sondern ab dem 15. Jahrhundert auch die Konnotation von ›kastrieren‹, ›zahm‹ und ›brauchbar machen‹, ›die Wildheit nehmen‹ hatte (vgl. *Etymologisches Wörterbuch der deutschen Sprache*, Friedrich Kluge, bearb. von Elmar Seebold, 24., durchges. und erw. Aufl., Berlin, New York 2002, S. 402).

wieder möglich wird, ist unklar. Es geht Castel nicht darum, die alten Sicherungsverhältnisse einfach wieder herstellen zu wollen, aber es müssen neue erdacht werden: eine Rekonzeptualisierung von Schutz und Sicherheit, die nicht mehr an Gruppen und Kollektiven orientiert ist, sondern mehr an den Einzelnen, am Pluralismus der Individuen, was – so Castel, ohne es systematisch auszuführen – einen »strategischen Staat«[123] erfordere, in dessen Rahmen die Erwerbsarbeit gesichert werden müsse.[124] Die von »Prekarität« Betroffenen müssen demnach möglichst in die Zone der Integration zurückgeführt werden. Tendieren sie dagegen in die soziale Lage der Entkoppelung, so seien sie nicht nur einem Ausgeschlossen-Werden nahe, sondern brächten das gesamte Sozialgefüge zum Einstürzen.

Die Stabilität eines sozialstaatlichen Schutzes existiert nie für alle gleichermaßen[125], reguliert aber eine normalisierte Mehrheitsgesellschaft, die in Castels Bedrohungsszenario nun verängstigt ist. Er betrachtet Prekarisierung weniger als ein Phänomen, das gegenwärtige industriekapitalistische Gesellschaften auf unterschiedliche Weise als Normalität betrifft, sondern sieht die Gesellschaft eher durch die Gefahr bedroht,

---

[123] Castel, *Die Metamorphosen der sozialen Frage*, a.a.O., S. 413.

[124] Vgl. Castel, *Die Stärkung des Sozialen*, a.a.O., S. 126.

[125] Zum »goldenen Zeitalter« des Fordismus, das in erster Linie »privileged mainstream workers« in den USA, Europa und Japan, die weiß, männlich und/oder national-ethnisiert positioniert waren, in abgesicherten Arbeitsverhältnissen hielt und alle anderen diskriminierte, siehe Ettlinger, Nancy: »Precarity Unbound«, in: *Alternatives. Global, Local, Political* 32, 2007, S. 319–340, hier S. 322f.

das Virus der Unsicherheit könnte sich zunehmend ins Zentrum, in die Zone der Integration hineinfressen. In der imaginären Architektonik des Zonenmodells zeigt sich, dass es Castel immer auch um die Bedrohung und Verunsicherung der integrierten, der partizipierenden mehrheitsgesellschaftlichen Mittelschicht geht, die durch die stark von »Prekarität« betroffenen Ränder gefährdet zu werden scheint und ihrer eigenen Verwundbarkeit, ihrem Prekärsein ins Auge blickt. Von den Rändern, den Marginalisierten – und dazu zählt Castel nicht nur die »weiße Unterschicht«, sondern auch BewohnerInnen der Banlieues – droht der Bruch, die Sezession, der Verfall der Gesellschaft.[126]

Castel kritisiert die Dämonisierung und Stigmatisierung der Jugendlichen aus den Banlieues als neue »gefährliche Klasse« als »gedankliche Verkürzung«, in der »alles, was eine Gesellschaft an Bedrohung in sich birgt, auf spezifische Gruppen an deren Rand« projiziert werde, was keineswegs zur Lösung der »Unsicherheitsproblematik« beitrage.[127] Sein eigenes Bedrohungsszenario, das auf die mangelnde Integration der vermeintlichen sozialen Ränder aufgrund pre-

---

[126] Vgl. Castel, *Die Stärkung des Sozialen*, a.a.O., S. 74ff.; Castel, Robert: *Negative Diskriminierung. Jugendrevolten in den Pariser Banlieues*, übers. von Thomas Laugstien, Hamburg 2009. Zu einer anderen Lesweise der Ereignisse in den Pariser Banlieues im Herbst 2005, die die postfordistische Konstruktion der Unproduktivität im Kontext von Prekarität betont, siehe Revel, Judith: »Vom Leben in prekären Milieus (oder: Wie mit dem nackten Leben abschließen?)«, übers. von Birgit Mennel, in: *Grundrisse. Zeitschrift für linke Theorie und Debatte* 32, 2009, S. 36–45.

[127] Castel, *Die Stärkung des Sozialen*, a.a.O., S. 75, S. 77 und S. 129.

kärer Arbeitsbedingungen fokussiert, befürchtet das gesellschaftliche Auseinanderbrechen von eben diesen »Rändern« aus. Für Castel ist »Prekarität« die Bedrohung, die die immunisierende soziale Absicherung der männlichen (Staats-)Bürger gefährdet und sozial auf neue und zugleich alte Weise verwundbar und prekär werden lässt. Soll das Auseinanderbrechen der Gesellschaft, die Sezession und das Abfallen eines ihrer Teile abgewehrt werden, muss ein Antidot gegen die grassierende »Prekarität« gefunden werden. In Castels Logik bestünde dieses Gegengift in der sichernden, das heißt die Gefahr neutralisierenden Integration und Partizipation der durch soziale Unsicherheiten Gefährdeten. Vor dem Hintergrund gegenwärtiger Integrationsdebatten[128] ist sein Plädoyer nach mehr Integration zwar kein eindeutig konservatives Modell, das den Hegemonieverlust der national-ethnisierten Mehrheitsgesellschaft fürchtet, aber es imaginiert eine mehrheitlich weiße gesellschaftliche Mitte, die sich durch offensive Integration als pluralistische Republik zeigen und »Prekarität« abwehren und bekämpfen soll.[129] Die »Entkoppelung« derer, die sich als nicht integra-

---

[128] Vgl. Hess, Sabine, Binder, Jana und Moser, Johannes (Hg.): *No Integration?! Kulturwissenschaftliche Beiträge zur Integrationsdebatte in Europa*, Bielefeld 2009. Serhat Karakayalı weist darauf hin, dass die »Migrantinnen und Migranten, um die es in der Integrationsdebatte geht, [...] als Problem gesehen [werden], gerade weil sie nicht erkennbar draußen sind [...]. Die Integrationsfrage handelt vielmehr von sozialer Devianz und ihrer Domestikation« (Karakayalı, Serhat: »Paranoic Integrationism. Die Integrationsformel als unmöglicher (Klassen-)Kompromiss«, in: Hess/Binder/Moser, *No Integration?!*, a.a.O., S. 95–103, hier S. 101).

[129] Vgl. Castel, *Negative Diskriminierung*, a.a.O., S. 89ff.

tionsfähig herausstellen, würde dann nicht mehr den Zusammenhalt der Gesellschaft als Ganzes bedrohen. Eine solche herrschaftssichernde Dynamik, in der – zur Stabilisierung und Heilung des stets kontaminierten Eigenen – Sicherheit sowohl über die Integration des neutralisierbaren, das heißt domestizierbaren ›Anderen‹ als auch und gerade dadurch über die ausschließende Abwehr des nicht integrierbaren ›Fremden‹ stattfindet, habe ich als »biopolitische Immunisierung« bezeichnet.[130]

Die Regulierung von Risiken ist angewiesen auf ein tolerierbares Maß an Unsicherheiten. Nehmen Kontingenz und Unberechenbarkeit überhand, so lassen sich gouvernementale Sicherheitsgesellschaften immer weniger regieren. Auch wenn moderne Sicherheitstechniken nicht mehr in erster Linie über gesellschaftliche Homogenisierungen und festsitzende Stabilisierungen operieren müssen, bleibt ein Übermaß an Unkalkulierbarkeit ein ernst genommenes Bedrohungspotenzial. Die Schwächung der Dynamik einer solchen biopolitischen Figur des Immunen bedeutet in der rhetorischen Zuspitzung stets die nahende Katastrophe, den drohenden Untergang, sollte keine neuerliche Immunisierung in Aussicht stehen. Sozialwissenschaftliche Argumentationen, die sich eines immunologischen Paradigmas bedienen, legitimieren damit nicht selten die Re-Stabilisierung von vermeintlich unregulierbar

[130] Vgl. Lorey, *Figuren des Immunen*, a.a.O., S. 260–280. Zur Dynamik biopolitischer Immunisierung gehört auch das identitätslogische Konstrukt von Unverletztheit, das oft mit Vorstellungen von Überlegenheit und Souveränität verbunden ist (vgl. Lorey, »Weißsein«, in: Bock von Wülfingen/Frietsch, *Epistemologie und Differenz*, a.a.O.).

instabil gewordenen Verhältnissen und übersehen damit nicht zuletzt die gerade in solchen Brüchigkeiten entstehenden Potenzialitäten für emanzipatorische gesellschaftliche Veränderungen.

Castel liegt nicht grundlegend falsch mit seiner Analyse, dass Prekarität und Prekarisierung sich wie ein höchst ansteckendes Virus in die gesamte Gesellschaft hineinfressen und zu Aufruhr führen können. Gründe für die aufrührerische virale Infektion sind allerdings nicht mehr (nur) politische und ökonomische Zumutungen, denen die Marginalisierten unterliegen, sondern eine gesamtgesellschaftliche Normalisierung von Prekarisierung, die andere Antworten erfordert als Integration. Es gibt kein Zentrum und keine Mitte mehr, die als stabile Gemeinschaft imaginiert und in die an den Rand Gedrängte hineingenommen werden könnten. In den aktuellen ökonomischen und politischen Krisen reicht es nicht mehr aus, eine gleichberechtigte pluralistische Gesellschaft auf den Grundpfeilern der Republik zu fordern.[131] Die gegenwärtigen politischen und wirtschaftlichen Verhältnisse in den (Post-)Industrienationen empören mehr und mehr Menschen aus fast allen gesellschaftlichen Bereichen, weil die gegenwärtigen Bedingungen für Arbeit, Wohnen und Bildung nicht weiter akzeptabel sind. Inwieweit die durch Prekarisierung ausgelösten politischen Proteste allerdings immer wieder nur endemisch bleiben oder aber zunehmend global und pandemisch werden, bleibt abzuwarten. Offensichtlich ist, dass die Normalisierung von Prekarisierung etablierte Formen der Politik erheblich herausfordert. Nicht nur

[131] Vgl. Castel, *Negative Diskriminierung*, a.a.O., S. 89ff.

die kapitalistische Produktionsweise befindet sich in einer besonderen Krise, mit ihr wird auch die fundamentale Krise der Modi der politischen Repräsentation augenscheinlich.[132]

[132] Vgl. Lorey, Isabell: »Non-representationist, Presentist Democracy«, übers. von Aileen Derieg, in: *transversal: »#Occupy and Assemble ∞«*, Oktober 2011, http://eipcp.net/transversal/1011/lorey/en; Lorey, Isabell: »Occupy – Exodus der Beliebigen aus der juridischen Demokratie«, in: *Bildpunkt*, Frühjahr 2012, S. 4–7 (online siehe http://www.linksnet.de/de/artikel/27401).

# 4. PREKARISIERUNG ALS REGIERUNGSINSTRUMENT

Prekarisierung als gouvernemenale Prekarisierung frisst sich nicht unweigerlich wie ein Virus, das Aufständigkeit verbreitet, durch die Gesellschaft. Im Gegenteil: Trotz der transnationalen Kämpfe der Prekären, die sich durch die gesamten 2000er Jahre ziehen, und trotz der Proteste des Jahres 2011 vor allem in Südeuropa und den USA scheint es gegenwärtig zumindest in Deutschland und Österreich in den unterschiedlichsten Weisen und in den unterschiedlichsten sozialen Positionierungen möglich zu sein, sich mit sozialer Unsicherheit zu arrangieren, mit der Privatisierung von Risiken umzugehen und durch Unterwerfung und Anpassung – getragen von der Angst, ersetzbar zu sein – zur Normalisierung von Prekarisierung beizutragen.

Im Gegensatz zu Castels Bedrohungsszenario sind hier gegenwärtig weder die Sicherheit einer sozialen Ordnung noch neoliberale Regierungstechniken durch von den »Rändern« sich auswachsende »Prekarität« gefährdet. Stattdessen ist Prekarisierung längst in der sogenannten gesellschaftlichen Mitte angekommen. Prekäre Lebens- und Arbeitsverhältnisse normalisieren sich gegenwärtig auf einer strukturellen Ebene und sind so zu einem grundlegenden gouvernementalen Regierungsinstrument geworden.

Infolge der Normalisierung von Prekarisierung leben wir gegenwärtig allerdings keineswegs in einer Unsicherheitsgesellschaft, sondern noch immer in einer

Sicherungsgesellschaft, allerdings in einer, die über Prekarisierung steuerbar wird. Der Staat zieht sich nicht aus allen ehemals grundlegenden Sicherungsinstitutionen zurück. Sicherung braucht im Neoliberalismus jedoch nicht mehr den Umfang liberaler sozialstaatlicher Techniken des Schutzes. Der Staat beschränkt sich vielmehr zunehmend auf polizeiliche und militärische Sicherungsdiskurse und -praktiken, die wiederum zusehends mit disziplinierenden Kontroll- und Überwachungstechniken operieren.[133] Auf staatlicher Ebene halten sich gerade politische und soziale Sicherungen die Waage: Je mehr soziale Absicherung minimiert wird, je stärker Prekarisierung zunimmt, desto mehr wird um eine Maximierung von innenpolitischer Sicherheit gefochten. Vor allem migrantische Andere müssen immer wieder durch anpassende Integration demonstrieren, dass sie sich für das Kollektiv derjenigen eignen, die noch minimal abgesichert werden – ansonsten können sie zu einem Sicherheitsrisiko erklärt werden.

Wenn im Neoliberalismus innenpolitische Sicherheitsdiskurse mit normalisierter sozialer Unsicherheit korrelieren, dann verschiebt sich das grundlegende Dispositiv des Liberalismus. Statt Freiheit und Sicherheit bilden nun Freiheit und Unsicherheit das neue Paar neoliberaler Gouvernementalität: Freiheit wird nicht prinzipiell staatlich beschränkt, Unsicherheit nicht prinzipiell staatlich bekämpft, sondern beide

---

[133] Vgl. u.a. Lemke, »Dispositive der Unsicherheit«, in: *Widerspruch*, a.a.O.; Purtschert, Patricia, Meyer, Katrin und Winter, Yves (Hg.): *Gouvernementalität und Sicherheit. Zeitgenössische Beiträge im Anschluss an Foucault*, Bielefeld 2008.

werden zur ideologischen Voraussetzung für gouvernementale Prekarisierung.

Wir haben es interessanterweise gerade mit herrschaftssichernden Strategien zu tun, die bestehende Konzepte von Sicherheit so umbauen, dass Ver-Unsicherung zu einer normalisierten Regierungsweise wird. Das zentrale Paradigma der Regierbarkeit von biopolitischen Subjektivierungen besteht gegenwärtig weder in der Sicherung durch einen repräsentationistischen Souverän noch in sozialstaatlichen Sicherungsinstitutionen, sondern ist gekennzeichnet durch eine »neoliberale Regierung der Unsicherheit«[134].

Folgt man Maurizio Lazzarato und seinem 2008 erschienenen Buch über die »Regierung der Ungleichheiten«, dann sind innerhalb der neoliberalen Logik alle Absicherungen gegen Risiken, alle sozialpolitischen Institutionen »Dispositive, die mit einem *Minimum* funktionieren müssen«[135]. Dieses Minimum definiert in einem politischen Sinn eine Schwelle, nämlich jenen variierenden Grenzbereich, in dem immer wieder von Neuem festgestellt werden muss, ab wann »das Risiko des ›Bürgerkriegs‹ droht, der Bruch des sozialen Friedens«[136]. Mittels der Techniken des Minimums, des minimalistischen Staates wie auch der Selbstregu-

[134] Lemke, »Dispositive der Unsicherheit«, in: *Widerspruch*, a.a.O., S. 93; vgl. auch Legnaro, Aldo und Birenheide, Almut: *Regieren mittels Unsicherheit. Regime von Arbeit in der späten Moderne*, Konstanz 2008; Lazzarato, Maurizio: *Le gouvernement des inégalités. Critique de l'insécurité néolibérale*, Paris 2008.

[135] Ebd., S. 58, Herv. IL; die folgenden Textstellen aus diesem Buch von Lazzarato sind in meiner Übersetzung angeführt.

[136] Ebd.

lierungskräfte des Marktes wird die immunisierende Grenzziehung gegenüber bedrohlichen sezessionistischen Kämpfen reguliert. Diese Techniken sind zentral, damit neoliberale Politik mit Institutionen operieren kann, die von solchen der sozialen Sicherung in solche, die soziale Unsicherheit produzieren, umgekehrt werden können. Die Kunst des Regierens besteht gegenwärtig darin, ein wahrscheinlich nicht exakt zu kalkulierendes Maximum an Prekarisierung, das mit einem Minimum an Absicherung korreliert, auszutarieren und an dieser Schwelle dafür zu sorgen, dass das Minimum gesichert wird.

Der Normalisierungsprozess von Prekarisierung bedeutet keineswegs Gleichheit in der Unsicherheit. Im Rahmen neoliberaler Gouvernementalität besteht keine Notwendigkeit, Ungleichheiten abzuschaffen, noch nicht einmal die, eine Gleichheit in der Unsicherheit herzustellen.

> »Die neoliberale Logik will aus gutem Grund keine Reduktion, kein Ende der Ungleichheit, weil sie mit diesen Differenzen spielt und auf deren Grundlage regiert. Sie versucht nur, ein tolerables Gleichgewicht zu etablieren, ein für die Gesellschaft erträgliches Gleichgewicht zwischen differenten Normalitäten: zwischen der Normalität der Armut, der Prekarität [*précarité*] und der Normalität des Reichtums. Sie beschäftigt sich nicht mehr mit der ›relativen Armut‹, dem Gefälle zwischen den unterschiedlichen Einkommen, und sie beschäftigt sich auch nicht mit den Ursachen dafür. Sie interessiert sich nur noch für die ›absolute Armut‹, die die Individuen daran hindert, das Spiel der Konkurrenz zu spielen. [...] Um dieses tolerable Gleichgewicht, um eine neue Form des Elends zu

etablieren, brauchen die Neoliberalen die Institutionen des Sozialstaats [*welfare state*]«.[137]

Vor diesem Hintergrund ist Prekarisierung eine Steuerungstechnik des Minimums an der Schwelle noch tolerierbarer sozialer Verletzbarkeit. Der Fokus dieser Regierungslogik liegt demnach nicht mehr in erster Linie auf der Regulierung festgesetzter hierarchisierter und identitärer Differenzen. Zugleich sind jene, die weiterhin und erneut durch rassifizierende oder ethnisierte Zuschreibungen als extrem bedrohlich und anders konstruiert werden, nach wie vor den ›liberalen‹ Mechanismen der Prekarität ausgesetzt. Prekarisierung stellt mithin keine drohende Gefahr für ein Zentrum dar, sondern eine sich im Prozess der Normalisierung befindliche Regierungstechnik.

In diesem Prozess lässt sich allerdings tatsächlich ein Hegemonieverlust konstatieren: jener des männlichen fordistischen Normalarbeitsverhältnisses, das – sozialpolitisch gestützt und geschützt – seine Unabhängigkeit auf der Grundlage der Domestizierung von Ehefrau und Kindern bewahrte und ihnen eine abhängige Sicherheit bescherte. Der Frauen zugeordnete private Bereich der Reproduktion bedeutete nur für Ehe-Frauen eine kontinuierliche Sicherung. Für den heteronormativen sozialen Schutz mussten sie ihre strukturelle Verunsicherung, ihre Prekarität, die in der Abhängigkeit geschützt war, in Kauf nehmen. Mit den Mitteln sozialstaatlicher Sicherung konnten die Hegemonie einer schützenden bürgerlichen und heteronormativen Männlichkeit ermöglicht und spezifische Nor-

---

137 Ebd., S. 57.

malitäten hergestellt werden, die den Nexus zwischen Arbeit, Familie und Nation gewährleisteten.[138]

Nicht nur vor diesem Hintergrund kehrt soziale Unsicherheit nicht einfach wieder, vielmehr wird ihre gouvernementale Funktion fundamental transformiert. Soziale, ökonomische wie auch (arbeits)rechtliche Unsicherheit ist immer weniger eine Bedrohung, die allein auf Abhängige, Marginalisierte oder fremde ›Eindringlinge‹ projiziert werden kann, um deren gesellschaftliche Positionierung an den inneren und äußeren Peripherien zu legitimieren und ein (imaginäres) Zentrum des (nationalen) Eigenen, des Normalen und der Zugehörigkeit bewahren zu können. Die Unterscheidung zwischen dem liberalen, fordistischen Normalen und dem davon abweichenden und abgegrenzten Prekären ist längst unmöglich geworden. Die traditionellen Grenzen zwischen den gesellschaftlichen Positionierungen der Normalen und der Prekarisierten lösen sich auf: Prekarisierung wird zu einer Normalität mit neuen Ungleichheiten. Das imaginäre Zentrum des Normalen wird nicht einfach bedroht, es ist auch nicht lediglich verunsichert. Es wird vielmehr selbst zunehmend unsicher und bedrohlich.[139]

---

[138] Vgl. Mitropoulos, Angela: »Oikopolitics, and Storms«, in: *Global South* 1, 2009, S. 66–82.

[139] Reaktionen darauf sind unter anderem Forderungen danach, Grenzen abzusichern und so vermeintlich den Schutz der ›Einheimischen‹ zu erhöhen. Doch Grenzen bleiben durchlässig, sind per se nicht zu schließen, absolute Sicherheit ist nicht möglich. In dieser bleibenden Unsicherheit wird die Autonomie der Migration zu regulieren versucht, mit dem Effekt einer ansteigenden Gefährdung und Prekarität der Migrierenden (vgl. u.a. Hess, Sabine und Kasparek, Bernd (Hg.): *Grenzregime. Diskurse, Praxen, Institutionen in Europa*, Berlin, Hamburg 2010).

Die sich unter neoliberalen Bedingungen entwickelnde Normalität des Minimums steht in der Kontinuität prekärer Arbeits- und Lebensverhältnisse seit der Herausbildung des Kapitalismus. Das Normalwerden von Prekarisierung schließt historisch an die Norm ungesicherter Arbeits- und Lebensverhältnisse an, ohne mit ihr identisch zu sein. Begreift man vor diesem Hintergrund den fordistischen Sozialstaat als historische Ausnahme, als begrenzte Phase eines besonderen Normalen, und Prekarität sowie Prekarisierung als eine diese Phase überdauernde Norm kapitalistischer Verhältnisse[140], dann gilt es, herrschaftsförmige Kontinuitäten und Brüche dieser Norm in Zeiten der exzeptionellen Absicherung zu berücksichtigen, um den aktuellen Normalisierungsprozess von Prekarisierung fassen zu können.

Die exzeptionelle Absicherung durch den Sozialstaat gewährleistete in unterschiedlicher Weise das Auskommen und den sozialen Aufstieg für viele und reproduzierte und manifestierte zugleich Klassifikationen und Unterteilungen von Arbeit nach naturalisierten geschlechtlichen Merkmalen sowie nach Herkunftsmerkmalen. Diese liberale Legitimation von Prekarität über Klassifikationen und Konstruktionen von Körpern und ›Kulturen‹ ist brüchig geworden, und mit ihr jene Herrschaftsverhältnisse, in denen der Wert von Arbeit an körperlichen und kulturalisierten Charakteristika bemessen wird. Allerdings bedeutet

---

[140] Vgl. Mitropoulos, »Precari-Us?«, in: Berry Slater, *The Precarious Reader*, a.a.O.; siehe auch Neilson, Brett und Rossiter, Ned: »Precarity as a Political Concept, or, Fordism as Exception«, in: *Theory, Culture & Society* 7–8, 2008, S. 51–72, hier S. 54.

das gegenwärtig in erster Line, dass nun auch jene männlichen Bürger zunehmend mit prekären Lebens- und Arbeitsverhältnissen konfrontiert werden, die vormals die Sicherheiten des Normalarbeitsverhältnisses genossen. Trotzdem existieren weiterhin internationale Arbeitsteilungen sowie ein eindeutiges Lohngefälle zwischen den Geschlechtern auf den nationalen Arbeitsmärkten, und auch die weitgehende Zuständigkeit von Frauen für die häusliche Versorgung sowie für Fürsorge- und Pflegearbeit besteht fort. Die reproduktive Arbeit ist allerdings ihrerseits zunehmend international arbeitsteilig organisiert sowie ökonomisch und ethnisch differenziert und hierarchisiert.[141]

Ökonomisierung und politische Regulierung von Differenzen funktionieren unter neoliberalen Bedingungen sehr anders als unter liberalen Parametern. Liberale und fordistische biopolitische Regierungstechniken heften sich an naturalisierte Differenzen von Körpern, sie rastern und zählen anhand eines

---

[141] Vgl. Salazar Parreñas, Rhacel: *Servants of Globalization. Women, Migration, and Domestic Work*, Stanford 2001; Caixeta, Luzenir u.a.: *Hogares, Cuidados y Fronteras/Home, Care and Borders/Haushalt, Sorge und Grenzen*, Madrid 2004; Gutiérrez Rodríguez, Encarnación: *Migration, Domestic Work and Affect. A Decolonial Approach on Value and the Feminization of Labour*, New York, London 2010; Apitzsch, Ursula und Schmidbaur, Marianne (Hg.): *Care und Migration. Die Ent-Sorgung menschlicher Reproduktionsarbeit entlang von Geschlechter- und Armutsgrenzen*, Opladen, Farmington Hills 2010; Caffentzis, George und Federici, Silvia: »Anmerkungen zur edu-factory und zum kognitiven Kapitalismus«, übers. von Therese Kaufmann, in: Lorey, Isabell und Neundlinger, Klaus (Hg.): *Kognitiver Kapitalismus*, Bd. 13 der Reihe »es kommt darauf an«, Wien 2012, S. 88–102.

universalisierten, standardisierten Maßes von Überlegenheit, das Prekarität produziert. Ganz anders neoliberale und postfordistische Regierungstechniken: Biopolitische Steuerungstechniken regieren in diesem politisch-ökonomischen Modus auf der Grundlage konkurrierender Differenzen. Es geht nicht mehr vorrangig um Abweichungen von einer nationalen Normalität, sondern um die Regulierung eines tolerablen Gleichgewichts zwischen diversen Normalitäten.[142] Biopolitische Gouvernementalität funktioniert nun über den zweifachen »Modus der Modulation«[143]: Das Messen und Zählen im Hinblick auf universalisierte standardisierte Maßeinheiten auf ökonomischer Ebene, das als »Modularisierung« bezeichnet werden kann, verbindet sich mit den qualitativen Differenzen von Körpern, Handlungen, Tätigkeiten und Affekten, die durch aktive (Selbst-)Gestaltung, also durch »Modulieren«, in Konkurrenz hergestellt werden müssen. Dieses selbst-regierende Modulieren ist gegenwärtig in erster Linie eines im Sinn der Servilität – der Dienstbarkeit und des Gehorsams –, das in der kalkulierten Austauschbarkeit des Moduls politisch wie ökonomisch überaus verwertbar wird. Die Einzelnen sollen sich und ihr Leben auf einem immer wieder gesenkten Mindestmaß an Absicherung selbst gestalten, aktiv modulieren und demgemäß regierbar machen. So entstehen gouvernementale Techniken der Selbstregierung, die ich als ›Selbst-Prekarisierung‹

---

142 Vgl. Lazzarato, *Le gouvernement des inégalités*, a.a.O.; siehe auch Engel, Antke: *Bilder von Sexualität und Ökonomie. Queere kulturelle Politiken im Neoliberalismus*, Bielefeld 2009.

143 Raunig, Gerald: *Fabriken des Wissens. Streifen und glätten 1*, Zürich 2012, S. 41–54.

bezeichnet habe.[144] Lebens- und Arbeitsverhältnisse sollen sich in Relation zu einem ökonomisierten Maß ausrichten. Dieses Maß kann die unterschiedlichsten Formen vom minimalistischen (Sozial-)Staat bis zur bildungspolitischen Rede von Exzellenz und Evaluation annehmen, aber auch zur Kategorisierung von »Überflüssigen« führen. Eine solche abstrakte Äquivalenz, so Angela Mitropoulos, setzt Ungleichheit und Ausbeutungsverhältnisse wie auch Gewalt voraus und produziert sie.[145]

---

[144] Vgl. Lorey, Isabell: »Vom immanenten Widerspruch zur hegemonialen Funktion. Biopolitische Gouvernementalität und Selbst-Prekarisierung von KulturproduzentInnen«, in: Raunig, Gerald und Wuggenig, Ulf (Hg.): *Kritik der Kreativität*, Wien 2007, S. 121–136.

[145] Vgl. Mitropoulos, »Precari-Us?«, in: *transversal*, a.a.O.

# 5. VIRTUOSITÄT UND POSTFORDISTISCHE ÖFFENTLICHKEIT

Das Private und das Öffentliche, einstiges Gegensatzpaar, verschwimmen seit geraumer Zeit zusehends: Das ehemals Private ist nicht nur immer mehr in der Öffentlichkeit präsent, zudem verschränken sich Selbst- und Arbeitsverhältnisse in einer Weise, durch die neue Öffentlichkeiten entstehen. Die Produktion wird durch Kommunikation und Dienstleistung sozial. Mit dieser Transformation zu einer auf neue Weise sozialen Produktion gehen Praktiken der dienstbar machenden Selbstregierung einher, für die die Entblößung des scheinbar privaten Selbst in den (sozialen) Medien nur ein Symptom ist. Indem tendenziell alle Erfahrungen der Einzelnen Teil des Produktionsprozesses werden können, findet Selbstverwirklichung gegenwärtig als Aufführung in der Öffentlichkeit statt. Arbeit wird damit gleichsam zu einer virtuosen Darbietung. Wenn aber die Arbeit in der Öffentlichkeit virtuos wird, was wird dann aus dem politischen Handeln, einst der Sphäre von Öffentlichkeit und Virtuosität?

Paolo Virno formuliert in seiner Schrift *Grammatik der Multitude* folgende These: »Ich glaube, dass angesichts der heutigen Lebensformen, sowie in der zeitgenössischen Produktionsweise [...], unmittelbar einsichtig wird, dass weder das Paar öffentlich/privat noch das Paar kollektiv/individuell noch zu halten ist; sie haben ihre Wirksamkeit verloren, ihre Grenzen verfließen.«[146] Das Phänomen, an dem Virno die Ununterscheidbarkeit von Kollektivität und Individualität ebenso wie von Öffentlichkeit und Privatheit untersucht, sind postfordistische Produktionsweisen. Darunter versteht er mehr als Arbeit im traditionellen Sinn, also als herstellende produktive Tätigkeit, nämlich »das Zusammenwirken verschiedener Lebensformen«[147]. Es geht ihm um das Hegemonial-Werden von Produktionsweisen, die auf kommunikativen und kognitiven Fähigkeiten basieren, auf hoher Flexibilität beim Einsatz der Arbeitskraft, auf einem permanenten Umgang mit Unvorhersehbarem, mit Kontingenz.[148] Bei solchen Produktionsweisen wird die gesamte Persönlichkeit gefordert, ihr Intellekt, ihr Denken, ihr Sprachvermögen, ihre Affekte. Das führt Virno zufolge zu einem Ende von Arbeitsteilungen (im Sinne der Aufteilung der Arbeit)[149] und zu erheblichen persönlichen Abhängigkeiten; nunmehr allerdings

---

[146] Virno, Paolo: *Grammatik der Multitude. Öffentlichkeit, Intellekt und Arbeit als Lebensformen.* Mit einem Anhang: *Die Engel und der General Intellect*, übers. von Klaus Neundlinger sowie eingel. zusammen mit Gerald Raunig, Bd. 4 der Reihe »es kommt darauf an«, Wien 2005, S. 30f.

[147] Ebd., S. 61.

[148] Vgl. auch Lorey, Isabell und Neundlinger, Klaus (Hg.): *Kognitiver Kapitalismus*, Bd. 13 der Reihe »es kommt darauf an«, Wien 2012.

[149] »Das bedeutet natürlich nicht, dass die Tätigkeiten nicht mehr unter-, auf-, eingeteilt usw. wären; es bedeutet vielmehr, dass die Segmentierung der einzelnen Tätigkeiten nicht mehr nach objektiven, ›technischen‹ Kriterien vorgenommen wird, sondern ausgesprochen arbiträr, reversibel und ständig in Veränderung begriffen ist« (Virno, »Das Öffentlichsein des Intellekts «, in: *transversal*, a.a.O.).

weniger zu Abhängigkeiten von Regeln und Vorschriften, sondern von einzelnen Personen im Arbeitsverhältnis, aber auch von Netzwerken, um gegebenenfalls an den nächsten Job zu kommen.[150]

Die auf Kommunikation basierende Arbeit ist weniger eine, die ein Produkt herstellt, als vielmehr eine »Tätigkeit-ohne-Werk«[151]. In dieser tendenziell produktlosen Produktionsweise werden keine materiellen Dinge im klassischen Sinn fabriziert, aber es entstehen darin Sozialitäten. Ein besonderer Aspekt dieser Produktion des Sozialen ist, dass sie nicht auf die Orte und Zeiten der Erwerbsarbeit beschränkt bleibt; sie geht darüber hinaus und findet tendenziell kein Ende. In dieser Verschränkung von Produktion und Sozialität wird sowohl die Arbeit als auch das soziale Leben in hohem Maße prekär.[152]

---

[150] Vgl. Virno, *Grammatik der Multitude*, a.a.O., S. 52f.

[151] Ebd., S. 66; siehe auch Virno, Paolo: »Virtuosität und Revolution. Die politische Theorie des Exodus«, in: ders.: *Exodus*, übers., eingel. und hrsg. von Klaus Neundlinger und Gerald Raunig, Bd. 9 der Reihe »es kommt darauf an«, Wien 2010, S. 33–78.

[152] Wenn ich hier die Tendenz des Hegemonial- und damit Normalwerdens solcher postfordistischer Lebens- und Arbeitsverhältnisse beschreibe, bedeutet dies nicht, dass die traditionelle industrielle Produktion verschwindet. Aber sie verliert ihre alleinige, strukturgebende Bedeutung für die gegenwärtigen kapitalistischen Produktionsprozesse. Zudem will ich mit meinen Ausführungen zu Prekarisierung für den industriellen Zweig keineswegs eine Ausnahme behaupten. Diese Arbeitsverhältnisse sind ebenfalls von Flexibilisierung, Befristung und dem Abbau und Umbau sozialer Sicherungssysteme geprägt.

## POLITISCHE FREIHEIT UND DIE BÜHNE DER VIRTUOSITÄT

Das Zusammenfallen der sozioökonomischen Sphären von privat und öffentlich durch die Verschränkung von Arbeit und Sozialem beschreibt Virno in Relation zur Aristotelischen Dreiteilung menschlicher Erfahrung in Arbeit (*poiesis*), Denken/Intellekt (*Leben des Geistes*) und politisches Handeln (*praxis*). Trotz gelegentlicher Überschneidungsmöglichkeiten würden die drei Bereiche bis heute meist voneinander getrennt vorgestellt: Arbeit bedeutet in diesem Schema die Produktion neuer Objekte in einem sich wiederholenden, vorhersehbaren Prozess. Dem entgegengesetzt ist der zweite Bereich, der des Intellekts, seinem Wesen nach durch Vereinzelung geprägt und unsichtbar, da sich die Meditation der DenkerIn dem Blick der Anderen entzieht. Der dritte Bereich menschlicher Erfahrung schließlich, der des politischen Handelns, prägt soziale Beziehungen und ist von der Sphäre der Arbeit, die durch Wiederholungsprozesse auf »natürliche« Materialien einwirkt, unterschieden. Bemerkenswert dabei ist, dass das politische Handeln in diesem traditionellen Verständnis mit dem Möglichen und dem Unvorhergesehenen zu tun hat: Es produziert keine Objekte, sondern verändert durch Kommunikation.[153] Nur das politische Handeln gilt in dieser Einteilung als öffentlich, denn es bedeutet, um mit Hannah Arendt zu sprechen, das »den Blicken der Anderen Ausgesetztsein«[154].

---

[153] Vgl. Virno, *Grammatik der Multitude*, a.a.O., S. 61ff.

[154] Arendt, Hannah: *Vita Activa oder vom täglichen Leben*, München 1981, S. 164ff.

Trotz vielfacher Kritik an der Unangemessenheit dieses aristotelischen Modells für die Gegenwart findet diese Dreiteilung von Arbeit, Intellekt und politischem Handeln bis heute weite Verbreitung. Dies ist Virno zufolge nicht zuletzt auf den großen Einfluss Hannah Arendts zurückzuführen.[155]

Doch auch Arendt spricht von Überlappungen zwischen den drei Bereichen – interessanterweise ebenso wie Virno im Zusammenhang mit Virtuosität, das heißt mit Kreativität in einem bestimmten Sinn. In dem Text »Freiheit und Politik« vergleicht sie die ausführenden KünstlerInnen, die VirtuosInnen, mit denjenigen, die politisch aktiv sind, also in ihrem Verständnis politisch handeln, sich den Blicken der Anderen aussetzen. Denn bei diesen darstellenden KünstlerInnen liege, wie Arendt schreibt, »die Leistung im Vollzug selbst [...] und nicht in einem die Tätigkeit überdauernden und von ihr unabhängig bestehenden Endprodukt. [...] Genau so, wie das Musizieren oder das Tanzen oder das Theaterspielen für die Entfaltung ihrer Virtuosität auf ein Publikum angewiesen sind, das dem Vollzug beiwohnt, bedarf auch das Handeln der Präsenz anderer in einem [...] politisch organisierten Raum.«[156]

Für Arendt ist Politik demnach eine Kunst der Darstellung, eine performative Kunst. Wegen des notwendigen Publikums, des »sich den Blicken anderer

---

[155] ... und freilich, so muss ergänzt werden, auf die weiterhin bestehende Hegemonie industriekapitalistischer Denkmuster.

[156] Arendt, Hannah: »Freiheit und Politik«, in: dies.: *Zwischen Vergangenheit und Zukunft. Übungen im politischen Denken 1*, hrsg. von Ursula Ludz, München, Zürich 1994, S. 201–226, hier S. 206.

Aussetzens«, brauchen sowohl Politik als auch Virtuosität einen »Erscheinungsraum«. Und, so Arendt, »[w]as immer in diesem Erscheinungsraum vor sich geht, ist politisch per definitionem, auch wenn es mit Handeln direkt nichts zu tun hat«[157]. Mit diesem Zusatz »auch wenn es mit Handeln direkt nichts zu tun hat«, so lässt sich folgern, ist »jede Virtuosität wesentlich *politisch*«[158].

Direkt nachdem Arendt die Verwobenheit von Virtuosität und Politik hervorgehoben hat, spricht sie in diesem Text in emphatischem Sinn von Freiheit. Darauf bezieht sich Virno allerdings nicht. Dieser Nexus von Virtuosität und politischer Praxis zur Freiheit scheint mir jedoch ein zentraler Punkt zu sein.

Der Erscheinungsraum nämlich, der politisch-öffentliche Bereich – und Arendt hat immer die griechische Polis vor Augen –, ist der Ort, »an dem Freiheit sich manifestieren [...] kann«[159]. »Ohne einen solchen eigens für sie gegründeten und eingerichteten Raum kann Freiheit sich nicht verwirklichen. Freiheit ohne Politik gibt es eigentlich nicht, weil sie gar keinen Bestand hätte.«[160] Diesen Freiheitsbegriff unterscheidet Arendt von dem der Gedanken- und der Willensfreiheit. Vor allem letztere ist für sie eine egozentrische Last des Christentums. Ihr geht es dagegen um eine politische Freiheit, die sich vom Privaten, von der »Sorge um das Leben«[161] gelöst hat und abgrenzt: um

---

157 Ebd, S. 207.

158 Virno, *Grammatik der Multitude*, a.a.O., S. 67, Herv. i.O.

159 Arendt, »Freiheit und Politik«, in: dies., *Zwischen Vergangenheit und Zukunft*, a.a.O., S. 207.

160 Ebd., S. 207f.

161 Ebd., S. 208.

eine Freiheit im Öffentlichen, eine des Handeln-Könnens, nicht des Wollens und des Denkens.[162] Arendt verbannt die Sorge um das Leben – und dem entsprechend auch die Sicherung des existenziellen Prekärseins sowie die damit einhergehende Sorgearbeit – in den privaten Haushalt. Politisches Handeln ist für sie nur als Befreiung von den Lasten des *oikos* denkbar. Mit dieser Unterteilung zwischen dem privaten Haus und dem politisch konnotierten Öffentlichen reproduziert Arendt die liberale und bürgerliche, geschlechtlich konnotierte Sphärentrennung.

Die dem Privaten zugeordnete Willensfreiheit ist in ihren Augen eine unpolitische Freiheit, weil sie »mit sich selbst erfahrbar« und von »den Vielen unabhängig« ist.[163] Freiheit als politische Freiheit, so Arendt, bedeutete in der Antike öffentliche Auseinandersetzung. Erst durch das Miteinander-Reden, den Austausch mit anderen Perspektiven entsteht das, »was Vielen gemeinsam ist«[164]. Bedingung für diese kommunikative Konstruktion von Welt ist eine »Bewegungsfreiheit«, die dem ›Privaten‹ entflieht: die Freiheit, sich »aus dem gesamten Bereich des Zwingens, des Haushaltens und seiner ›Familie‹ […] entfernen«[165], weggehen zu können.

Freilich war dies nur einem freien Mann wie dem Hausherrn, dem *pater familias* möglich. Wenn er die Schwelle seines Hauses überschritt, verließ er nicht

---

[162] Ebd. und S. 212ff.

[163] Ebd., S. 212.

[164] Arendt, Hannah: *Was ist Politik? Fragmente aus dem Nachlass*, hrsg. von Ursula Ludz, Vorwort von Kurt Sontheimer, München, Zürich 2003, S. 52.

[165] Ebd., S. 44.

nur den privaten »Ort, an dem Menschen von Notwendigkeit und Zwang beherrscht wurden«, schreibt Arendt, sondern zugleich jenen Ort, »wo das Leben eines jeden gesichert war [...]. Frei also konnte nur sein, wer bereit war, das Leben gerade zu riskieren.«[166] In diesem Verständnis ist politische Freiheit nicht zu trennen von Unsicherheit und Risiko des Lebens. »[D]as gleiche gilt für die Verbindung des Politischen mit Gefahr und Wagnis überhaupt.«[167] Die Gefährdung des Lebens ist für Arendt Voraussetzung des Politischen und einer bestimmten Form von Öffentlichkeit. Diese war in der antiken Konzeption freilich in erster Linie der Handlungsraum der freien Männer, der zugleich auf dem gesicherten *oikos* und darin agierender schützender, patriarchaler Männlichkeit basierte. Dennoch bleibt Arendts Gedanke, politische Freiheit habe mit dem Unvorhersehbaren, mit Unsicherheit und Risiko zu tun, interessant. Demnach bedeutet es eine Gefährdung des Lebens, den Blicken der Anderen ausgesetzt zu sein: Politisches Handeln bedingt einen Umgang mit der Kontingenz des Prekärseins, ohne Reflexe nach individualistischer privater Absicherung.

## PERFORMATIV VIRTUOS ARBEITENDE

Kommen wir zurück zu Virno, der sich, um die aktuellen prekären Produktionsweisen und Lebensformen zu erklären, neben Arendt vor allem auf Marx bezieht. Der wiederum erkenne die Tätigkeit darstellender

---

[166] Ebd.

[167] Ebd., S. 45.

KünstlerInnnen und WissensarbeiterInnen (worunter er Lehrer, Ärzte, Schauspieler, Redner und Pfarrer fasst) in seiner Perspektive nur als »Arbeit ohne Werk« an und stelle sie in eine Analogie zu Dienstbotentätigkeiten. Folglich produzierten in Marx' Verständnis weder solche VirtuosInnen noch das Dienstpersonal einen Mehrwert. Beide gehörten für ihn zum »Bereich der unproduktiven Tätigkeit«[168]. Doch ist Marx nicht der Vorwurf zu machen, er habe virtuos Arbeitende generell in den Bereich unproduktiver Arbeit verbannt. Denn er macht den Unterschied zwischen produktiver und unproduktiver Arbeit nicht am Inhalt einer Arbeit fest. Vielmehr sei »*productive Arbeit* zu sein eine Bestimmung der Arbeit [...], die an und für sich absolut nichts zu thun hat mit dem *bestimmten Inhalt* der Arbeit, ihrer besondren Nützlichkeit oder dem eigenthümlichen Gebrauchswerth, worin sie sich darstellt«[169]. Produktive Arbeit definiert Marx vielmehr über ein Verhältnis, jedoch nicht zu Geld im Allgemeinen und der Frage, ob eine Tätigkeit entlohnt oder unentgeltlich verrichtet wird. Das Verhältnis, das produktive Arbeit konstituiert, ist für Marx allein das zum Kapital. »Productive Arbeit tauscht sich direkt mit *Geld als Capital* aus« und ist folglich eine, die »die von ihr geschaffenen Werthe dem Arbeiter selbst als *Capital gegenübersetzt*«[170]. Die Dienstleistung eines Arztes ebenso wie die einer

---

[168] Ebd., S. 69.

[169] Marx, Karl: »Productive und Unproductive Arbeit«, in: *Marx-Engels-Gesamtausgabe*, *MEGA* II 4.1: *Ökonomische Manuskripte 1863–1867*, Berlin 1988, S. 108–117, hier S. 113, Herv. i.O. Ich danke Karl Reitter für diesen Hinweis.

[170] Ebd., S. 112.

Köchin bedeutet dagegen einen Tausch von »Arbeit gegen *Geld als Geld*«[171] und gilt deshalb nicht als produktiv. Den Unterschied zwischen beiden Tauschverhältnissen von Arbeit verdeutlicht auch Marx schließlich am Beispiel einer Virtuosin: »Eine Sängerin, die wie der Vogel singt, ist ein unproductiver Arbeiter. Wenn sie ihren Gesang für Geld verkauft, ist sie sofern Lohnarbeiter oder Waarenhändler. Aber dieselbe Sängerin, von einem entrepreneur engagirt, der sie singen läßt um Geld zu machen, ist ein productiver Arbeiter, denn sie *producirt* direkt Capital.«[172] Unproduktiv ist für Marx eine Tätigkeit also dann, wenn »die Produktion [...] nicht vom Akt des Herstellens trennbar [ist], wie bei allen exekutiven Künstlern, Rednern, Schauspielern, Lehrern, Ärzten, Pfaffen etc.«[173] Hier beschreibt Marx einen der grundlegenden Aspekte virtuoser Arbeit: Sie ist eine Tätigkeit ohne Werk, die im sprechenden und affektiven Darstellen etwas herstellt. Virtuose Arbeit entspricht demnach einer performativen Tätigkeit.

Was aber, wenn die Sängerin zur Unternehmerin ihrer selbst wird? Implodiert dann das Verhältnis zwischen Arbeit und Kapital in ihr selbst? Ist sie in Marx' Denken als »unproduktiv« zu bezeichnen, wenn sie in ihrer künstlerischen Selbständigkeit, ihren zeitlich begrenzten Projekten nicht mehr ihre Stimme allein zu Markte trägt, sondern sich ständig mit ihrer gesam-

---

171 Ebd., S. 116, Herv. i.O.

172 Ebd., S. 113, Herv. i.O.

173 Marx, Karl: »Produktivität des Kapitals. Produktive und unproduktive Arbeit«, in: *Marx-Engels-Werke*, *MEW* 26.1: *Theorien über den Mehrwert*, Berlin 2000, S. 365–388, hier S. 386.

ten Persönlichkeit verkauft, wenn ein Singen »wie der Vogel« der Akquise des nächsten Jobs dient? Stehen darstellende, kommunikative WissensarbeiterInnen, um von den performativen VirtuosInnen heute zu sprechen, als gleichzeitig Dienstleistende, ProduzentInnen und Entrepreneurs ihrer selbst nicht in den von ihnen geschaffenen Werten immer auch sich selbst als kapitalisierte Lebensform gegenüber, ähnlich und zugleich vollkommen anders als in dem Verhältnis, das Marx als »productive Arbeit« definiert hat?

Auch Virno schlussfolgert, dass im Postfordismus, in Zeiten des kognitiven Kapitalismus, weder die Zuordnungen von Arendt weiterhin zutreffend sind noch auch offenkundig Marx' Instrumentarium länger ausreichend erscheint, um gegenwärtige Produktions- und damit verbundene Lebensweisen zu verstehen. Denn diese spitzen sich zu neuen Verhältnissen zu, in denen »die *produktive* Arbeit in ihrer Gesamtheit sich die besonderen Wesenszüge der künstlerischen, darstellenden Tätigkeit zu eigen gemacht hat. Wer im Postfordismus Mehrwert produziert, verhält sich – von einem strukturellen Gesichtspunkt aus gesehen, versteht sich – wie eine PianistIn, eine TänzerIn usw.«[174] Virtuosität sowie Komponenten von Freiheit und damit verbundene Unsicherheiten strukturieren – anders als Arendt es formulierte – heute somit nicht mehr nur das politische Handeln, sondern zunehmend die Produktionsweisen, und zwar vor allem in neuen, »immateriellen«[175], auf einem weiten Begriff von Kre-

---

174 Virno, *Grammatik der Multitude*, a.a.O., S. 70.

175 Zum Begriff der »immateriellen« Arbeit siehe Lazzarato, Maurizio: »Immaterielle Arbeit. Gesellschaftliche Tätigkeiten unter den Bedingungen des Postfordismus«, in: Negri, Toni,

ativität basierenden Arbeitsverhältnissen, die keineswegs als »unproduktiv« zu verstehen sind.

## WENN SICH DIE VIRTUOSITÄT DES POLITISCHEN MIT DER KOGNITIVEN ARBEIT VERBINDET

Wenn die performativ-virtuose Arbeit zur neuen Form produktiver Arbeit wird, dann sind die Tätigkeiten der Künstlerin und der Lehrerin nicht mehr die Ausnahme, sondern werden zur Regel. Sie verschränken sich nicht nur im Sinne Marx' mit der ›dienenden‹, reproduktiven Arbeit im Haushalt, sondern in einem allgemeinen Sinn mit Dienstleistungsarbeit, die nicht ausschließlich dienend sich darstellt. Umgekehrt bedeutet dies nicht, dass Reproduktionsarbeit generell

---

Lazzarato, Maurizio und Virno, Paolo: *Umherschweifende Produzenten. Immaterielle Arbeit und Subversion*, mit einem Vorwort von Yann Moulier Boutang, hrsg. von Thomas Atzert, Berlin 1998, S. 39–52; Hardt, Michael: »Affektive Arbeit«, in: Atzert, Thomas und Müller, Jost (Hg.): *Immaterielle Arbeit und imperiale Souveränität. Analysen und Diskussionen zu Empire*, Münster 2004, S. 175–188. Die Begriffe der immateriellen oder affektiven Arbeit wurden vor allem von feministischer Seite immer wieder kritisiert, weil sie Arbeit erneut aus der Perspektive kapitalistischer Akkumulation beschreiben und Nicht-Arbeit, *care*-Arbeit, die Produktion des Sozialen usw. nicht genug reflektieren (vgl. unter anderem Schultz, Susanne: »Biopolitik und affektive Arbeit bei Hardt/Negri«, in: *Das Argument* 248, 2002, S. 696–708; Eichhorn, Cornelia: »Geschlechtliche Teilung der Arbeit. Eine feministische Kritik«, in: Atzert/Müller, *Immaterielle Arbeit und imperiale Souveränität*, a.a.O., S. 189–202; Caffentzis/Federici, »Anmerkungen zur edu-factory«, in: Lorey/Neundlinger, *Kognitiver Kapitalismus*, a.a.O.

Teil der Lohnarbeit würde und sich geschlechtsspezifische Arbeitsteilung aufhöbe.

Wenn Arbeit immer häufiger als Wissens- und Dienstleistungsarbeit auftritt und in immer höherem Maß auf Kommunikation beruht, dann fällt der Intellekt, das Denken und Sprechen im Allgemeinen, verstärkt mit dem Bereich der Arbeit zusammen. Das gemeinsame dieser performativen, kognitiven Tätigkeiten ist, dass die gesamte Person, ihr Wissen und ihre Affekte Teil des kapitalistischen Produktionsprozesses werden, und ebenso die Beziehungen zu denjenigen, die die Akte anordnen bzw. in Auftrag geben sowie zu jenen, denen gegenüber sie aus- und aufgeführt werden.[176] Mehr noch, und das fasst der Begriff der »immateriellen« Arbeit nicht ohne weiteres, in diesem Produktionsprozess *entstehen* Subjektivierungen und soziale Beziehungen. Die Materialität der performativ-virtuosen Arbeit ist zwar nicht auf die traditionelle Herstellung von Produkten ausgerichtet, deshalb ist sie aber nicht ohne Materialität. Es ist eine Materialität nicht nur von performativen Körpern, sondern von Subjektivierungen und Sozialitäten.

Diese kapitalisierte Materialität des Sozialen hat Auswirkungen auf den Bereich des Öffentlichen. Die postfordistische ArbeiterIn wird zu einer selbstunternehmerischen VirtuosIn auch deshalb, weil sie in den vielfachen sozialen Relationen ihr verwertbares Selbst vor den Blicken der anderen zur Darstellung bringen muss. Auf Arbeit reduziert, braucht die Verwirklichung dieses Selbst die Aufführung in der Öffentlichkeit. In postfordistischen Produktionsverhältnissen

---

176 Vgl. Virno, *Grammatik der Multitude*, a.a.O., S. 94.

wird mithin der Intellekt öffentlich, was für Arendt undenkbar war. Das für ihren Öffentlichkeitsbegriff grundlegende »sich den Blicken der anderen Aussetzen« hat sich zu einem der entscheidenden Merkmale virtuoser Arbeits- und Lebensverhältnisse entwickelt. Die Präsenz des Anderen ist sowohl Instrument als auch Objekt der Arbeit geworden.

In der performativen kognitiven Tätigkeit verschränken sich Arbeit und Soziales; Herstellen, Handeln und Sprechen fallen in eins. Vor dem Hintergrund des dreigeteilten Modells von Aristoteles und Arendt überschneiden sich nicht nur *poiesis* und Intellekt, sondern zudem die *praxis*: Die virtuos Arbeitenden ähneln heute mehr und mehr den im klassischen Sinn politischen Menschen. Zum einen basiert diese postfordistische Form der Arbeit auf sozialen Beziehungen und wirkt auf diese ein, ähnlich wie es traditionell dem politischen Handeln zugeschrieben wurde; zum anderen und darüber hinaus aber sind die performativen kognitiven Tätigkeiten selbst immer mehr als »gesellschaftliche Kooperation«[177] gestaltet. Die kognitive Arbeit eignet sich die Merkmale des Virtuos-Politischen an.[178]

Fallen nun Ökonomie und Politik im Neoliberalismus in einer Weise zusammen, dass die performativ-virtuos Arbeitenden automatisch die politisch Agierenden sind? Aufgrund des notwendigen öffentlichen Erscheinungsraums gesteht Hannah Arendt den VirtuosInnen ja auch dann etwas Politisches *per definitionem* zu, wenn ihre Tätigkeit mit (politischem)

---

177 Ebd., S. 83.

178 Vgl. ebd., S. 64.

Handeln nicht direkt etwas zu tun hat.[179] Allerdings – und das ist das entscheidende Kriterium – ist die performativ-virtuose Produktion nicht unmittelbar und automatisch mit politischer Freiheit verbunden, sondern eher mit dem, was Arendt als Freiheit des Willens bezeichnet, mit individualistischen Formen von Freiheit.[180] Auch wenn ihre Analysen für die aktuellen ökonomischen und sozialen Transformationsprozesse kaum noch Relevanz zu haben scheinen, lässt sich mit Arendts Differenzierung zwischen unterschiedlichen Formen von Freiheit verdeutlichen, weshalb dieses öffentliche, ökonomisierte Agieren kein politisches Handeln darstellt. Wenn sich – so Arendt – »das Ideal des Freiseins [...] vom Handeln-Können auf das Wollen verschoben hat«, kann es »nicht mehr die Virtuosität des Mit-einander-zusammen-Handelns sein. Das Ideal wurde vielmehr die Souveränität, die Unabhängigkeit von allen anderen und gegebenenfalls das Sich-Durchsetzen gegen sie.«[181]

---

179 Vgl. Arendt, »Freiheit und Politik«, in: dies., *Zwischen Vergangenheit und Zukunft*, a.a.O., S. 207.

180 Birgit Sauer hat darauf hingewiesen, dass in neoliberalen Diskursen mit der Metapher der Freiheit Fantasien über vielfältige Chancen und Optionen, über individuelle Entscheidungsfreiheit angestoßen werden. Solche Diskurse über Freiheit sind im Neoliberalismus allerdings in »eine herrschaftsförmige Restrukturierung des Politischen« eingebunden. Es entsteht eine »neue Form des Regierens durch Freiheit«, Freiheit transformiert in Herrschaft (Sauer, »Von der Freiheit auszusterben«, in: Bidwell-Steiner/Wagner, *Freiheit und Geschlecht*, a.a.O., S. 18–19; vgl. auch Segal, Jacob: »The Discipline of Freedom: Action and Normalization in Theory and Practice of Neo-Liberalism«, in: *New Political Science* 3, 2006, S. 323–334, hier S. 324).

181 Arendt, »Freiheit und Politik«, in: dies., *Zwischen Vergangenheit und Zukunft*, a.a.O., S. 213.

Auf die eigene marktförmige Selbstgestaltung bezogen, werden gegenwärtig Techniken der Selbstregierung vornehmlich in den Dienst der ökonomischen Verwertbarkeit gestellt. Ist die Gegenwart der anderen allerdings reduziert auf ein kapitalisiertes Produktionsverhältnis, wird der Zwang, die eigene Virtuosität unter Beweis zu stellen, zur selbstbezogenen und konkurrierenden Servilität. Die virtuose Tätigkeit zeigt sich so »als allgemein *dienende Arbeit*«[182]. Fallen Herstellen und Handeln in der Öffentlichkeit zusammen, wird dieses Handeln demnach nicht zwangsläufig zu einem politischen; gerade umgekehrt ist es nicht selten ein Handeln, durch das andere und die eigene Person ökonomisch regierbar werden.

Obwohl dieses individualisierte virtuose Handeln in der alten Logik einer vermeintlich souveränen, von anderen unabhängigen Selbstgestaltung stattfindet, ist es zugleich ein Handeln der Selbstunterwerfung, das von Angst begleitet ist.

Hobbes' Furcht erregender Souverän, dem die Untertanen gehorchen sollten, ist längst – und im Neoliberalismus in extremer Weise – in eine selbstregierende Angst transformiert. Gouvernementale Prekarisierung, das (Selbst-)Regieren durch Unsicherheit verharrt auf der Ebene der handelnden Subjekte gegenwärtig vielerorts noch in einem verängstigten Sich-Arrangieren.

Eine dienende, auf sich konzentrierte Virtuosität verhindert – obwohl sie sich nur in Anwesenheit anderer vollziehen kann und nicht selten in sozialer Zusammenarbeit stattfindet, obwohl sie sich inmit-

---

[182] Virno, *Grammatik der Multitude*, a.a.O., S. 93.

ten der Materialisierung des Sozialen befindet – das gemeinsame politische Agieren. Es ist ein »Öffentlichsein ohne Öffentlichkeit«[183], ein Agieren vor den Augen der Anderen, in dem sich der virtuose Intellekt gerade nicht mit dem Politischen verbindet, nicht mit öffentlicher Kritik und Ungehorsam, nicht mit der Invention von Sozialitäten jenseits von Kapitalisierung. Allein aufgrund der Zunahme virtuoser Lebens- und Arbeitsverhältnisse ist also nicht eine gesteigerte Politisierung zu verzeichnen.

Wenn sich strukturelle Aspekte der Virtuosität des Politischen in der produktiven Arbeit zeigen, in Tätigkeiten, die in der öffentlichen Interaktion Selbstregierungsweisen konstituieren, wird zwar gewissermaßen politisches Handeln entleert, zugleich entsteht aber in den Produktionsverhältnissen eine Potenzialität für etwas neues Virtuos-Politisches. Gerade weil aktuelle Produktions- und Lebensweisen in ihrer politischen Virtuosität auf der Kunst des Möglichen und dem Umgang mit dem Unvorhersehbaren basieren[184], das heißt permanent mit Unsicherheit und Risiko umgehen müssen, entsteht in dieser Prekarisierung eine Potenzialität des Politischen, die an das erinnert, was Arendt für die politische Freiheit festgestellt hat. Diese Form der Freiheit basiert auf der Unsicherheit und ermöglicht überhaupt erst »die Virtuosität des Miteinander-zusammen-Handels«. Es ist keine Freiheit, die die Trennung von anderen unterstreicht, die Imaginationen von der Unverletzbarkeit mancher, von einer

---

183 Virno, »Das Öffentlichsein des Intellekts«, in: *transversal*, a.a.O.

184 Vgl. Virno, »Virtuosität und Revolution«, in: ders., *Exodus*, a.a.O., S. 36.

einheitlichen politischen Gemeinschaft, von Souveränität stützt. Diese Freiheit, so Arendt, funktioniert nur »unter der Bedingung der Nicht-Souveränität«[185].

## DIE PRIVATISIERUNG DER RISIKEN UND DIE SORGEN

In neoliberalem Regieren durch Prekarisierung als Verunsicherung tritt im Allgemeinen auf der Ebene der Selbstregierung eine besondere Subjektivierungsweise der Angst in den Vordergrund. Dies geschieht durch eine aktualisierte Konfrontation mit jener Dimension des Prekären, die ich ›Prekärsein‹ genannt habe. In der gegenwärtigen Dynamik gouvernementaler Prekarisierung wird die Unterscheidung zwischen einer *abstrakten Angst* vor einem existenziellen Prekärsein (davor, dass ein Körper, weil er sterblich ist, nicht unverletzbar gemacht werden kann) und einer *konkreten Furcht* in der politisch und ökonomisch induzierten Prekarisierung (vor Arbeitslosigkeit oder davor, auch *mit* Arbeit weder Miete noch Krankenversicherung zahlen zu können) immer schwieriger; die beiden negativen Sorgen überlappen sich. Virno schreibt darüber:

> »Man kann von einer vollständigen Überlagerung von Furcht und Angst sprechen. Wenn ich die Arbeit verliere, habe ich zwar eine ganz bestimmte Gefahr zu gewärtigen, die eine spezifische Sorge auslöst; diese faktische Gefahr schlägt jedoch sofort in eine unbe-

---

185 Arendt, »Freiheit und Politik«, in: dies., *Zwischen Vergangenheit und Zukunft*, a.a.O., S. 214.

stimmte Angst um […]. Man könnte behaupten, *die Furcht sei immer Angst*, die begrenzte Gefahr enthülle immer die allgemeine Gefährlichkeit des In-der-Welt-Seins. […] [D]er Verlust des Arbeitsplatzes, die Innovation, die die Charakteristiken der Arbeitsvorgänge verändert, nehmen in sich viele Züge auf, die vormals den Ängsten zugeordnet wurden, die man außerhalb der Grenzen der Gemeinschaft empfand.«[186]

Die soziale und politische Verknüpfung zwischen beängstigendem Prekärsein (vor dem eine politische Gemeinschaft schützen soll) und der Bedrohlichkeit der prekarisierten Anderen (wodurch deren Ausgrenzung legitimiert wird) ist nicht mehr in der Lage, soziale Sicherheit für die meisten ›innerhalb‹ der Gemeinschaft herzustellen. Die angstvolle Sorge angesichts der existenziellen Verletzbarkeit ist im Neoliberalismus für viele immer weniger zu unterscheiden von einer Furcht, die durch Prekarisierung entsteht. Es gibt keinen verlässlichen Schutz mehr vor dem Unvorhersehbaren, Unplanbaren, der Kontingenz.

Durch den Ab- und Umbau kollektiver Sicherungssysteme verschwindet jede Form der Unabhängigkeit angesichts der Gefahren des Prekärseins wie der Prekarisierung, Unverletzbarkeit und Souveränität werden offensichtlich illusorisch; auch diejenigen, die bisher auf Kosten von nationalen und globalen Anderen abgesichert waren, verlieren den sozialen Schutz. Von allen, unabhängig von Geschlecht und Herkunft, wird nun ein individualisiertes Risikomanagement gefor-

---

186 Virno, *Grammatik der Multitude*, a.a.O., S. 38f., Herv. i.O. Damit ist nicht gesagt, dass eine solche Überlappung historisch erstmalig festzustellen wäre.

dert, mit dem in unterschiedlichen Weisen ein nicht abzusicherndes Prekärsein aktualisiert werden kann und das sich je nach gesellschaftlicher Positionierung der Prekarität unterschiedlich materialisiert. Die Überlagerung der Angst vor dem Prekärsein und der Furcht in der Prekarisierung zeigt sich in der Zumutung der Privatisierung von Risiken. Die neue Qualität der Unsicherheit entsteht nicht zuletzt durch den Abbau von Arbeitsrechten, den Umbau des Sozial-, Gesundheits- und Bildungssystems bis hin zur eigenverantwortlichen Prävention vor Krankheit sowie vor Lohn- und Rentenausfall. Infolgedessen ist eine neoliberal individualisierte Selbstregierung und Selbstverantwortung zum Teil auf neue Weise mit existenziellem Prekärsein konfrontiert. In der Koppelung mit sozialer, politischer und ökonomischer Prekarisierung bedeutet die Privatisierung von Risiken und deren Prävention für viele nichts anderes als die Individualisierung des Prekärseins.

In der neoliberalen Dynamik gouvernementaler Prekarisierung wird gerade durch die Angst, existenzieller Verletzbarkeit ausgeliefert zu sein, die Illusion der individuellen Sicherung aufrechterhalten. Durch den permanenten Wettlauf um die erhoffte bessere Sicherung des eigenen Lebens und des sozialen Nahbereichs gegenüber konkurrierenden Anderen wird ausgeblendet, dass ein nachhaltig besseres Leben keine individuelle Angelegenheit sein kann. In den gouvernementalen Subjektivierungen werden die Anforderungen eines präventiven, individualistischen Selbstschutzes, dieser Selbst-Immunisierung in der Prekarisierung, allerdings eher affirmiert als infrage gestellt. Selbstregierung und Lebensführung stehen in erster

Linie im Dienste politischer Regierbarkeit und kapitalistischer Inwertsetzung – und die Angst vor dem Prekärsein hält dieses Verhältnis aufrecht. Soziale Praxen, die sich nicht allein auf das Eigene richten, sondern das Zusammenleben und das gemeinsame politische Handeln im Blick haben, treten mehr und mehr in den Hintergrund und werden als gelebte Realität immer unvorstellbarer.

# 6 . SORGEKRISE UND SORGESTREIK

Judith Butler plädiert dafür, das gemeinsam geteilte Prekärsein nicht weiter als bedrohlich zu begreifen und in hierarchisiert geschützte Differenzen aufzuteilen, sondern die existenzielle Verletzbarkeit anzuerkennen und als affirmativen Ausgangspunkt von Politik zu betrachten. Den Ausgangspunkt für politische Allianzen gegen eine Schutz- und Sicherheitslogik von manchen auf Kosten vieler Anderer bildet für Butler Prekarität in ihren unterschiedlichen Ausmaßen.[187] Precarias a la deriva, eine Gruppe feministischer Aktivistinnen aus Madrid, fokussieren ebenfalls bestehende Logiken der Sicherheit und Unsicherheit, um sie nachhaltig zu durchbrechen. Auch für die Precarias ist Prekarität der Ausgangspunkt, der allerdings als gemeinsamer erst gefunden werden muss. Ihre zentrale politische und soziale Strategie besteht in der Aufwertung von Sorge.

In Weiterentwicklung der situationistischen Praxis der *dérive*, praktizieren die Precarias ein anderes Umherschweifen in der Stadt. Ihre politische Praxis überschneidet sich mit ihrer eigenen Forschungspraxis der Dérive: Es werden »Interviews in Bewegung«[188] während Rundgängen durch die Stadt durchgeführt,

---

[187] Butler, »Gefährdetes Leben«, in: dies., *Raster des Krieges*, a.a.O., S. 37.

[188] Precarias, »Projekt und Methode«, in: Pieper u.a., *Empire und die biopolitische Wende*, a.a.O., S. 91.

um im Erfassen prekärer Lebens- und Arbeitsverhältnisse verschiedene Orte ins Verhältnis zu setzen.

Die Dérive der Precarias schreibt sich in die Tradition der »militanten Untersuchung« ein, in die Generierung »minoritärer Wissensformen« zum Zweck der Selbstorganisierung. Diese Forschungspraxis bezieht sich sowohl auf die Idee der Mituntersuchung aus der italienischen ArbeiterInnenbewegung der 1970er Jahre als auch auf die Praxen des *consciousness raising* der Zweiten Frauenbewegung.[189] Ausgehend von den eigenen prekarisierten Existenzen sollen Isolation und Individualisierung durch postfordistische Lebens- und Arbeitsverhältnisse in Begegnungen und Affizierungen mit anderen Prekären durchbrochen werden.[190]

In den Dérives werden nicht nur Orte des Arbeitens, Wohnens, Einkaufens und Verabredens, Orte der Sexualität und des Transports durchquert, sondern in der Bewegung, in der Mobilität auch die unterschiedlichen damit verbundenen Subjektivierungsweisen. Die Precarias a la deriva gehen zunächst von ihren eigenen unterschiedlichen Erfahrungen der Prekarität und Prekarisierung aus, um in den Dérives eine gemeinsame Orientierung mit anderen zu ermöglichen. Diese Ori-

---

189 Vgl. Malo de Molina, Marta: »Gemeinbegriffe: Erfahrungen und Versuche zwischen Untersuchung und Militanz«, in: Precarias a la deriva: »*Was ist dein Streik?« – Militante Streifzüge durch die Kreisläufe der Prekarität*, übers. von Birgit Mennel sowie mit einer Einleitung von Birgit Mennel und Stefan Nowotny, Bd. 11 der Reihe »es kommt darauf an«, Wien 2011, S. 139–183; *transversal »Militante Untersuchung«*, April 2006, http://eipcp.net/transversal/0406.

190 Vgl. Precarias a la deriva: »Fragen, Illusionen, Schwärme, Meuten und Wüsten. Zu Untersuchung und Militanz der Precarias a la deriva«, in: dies., »*Was ist dein Streik?*«, a.a.O., S. 35–55.

entierung ist nicht zielgerichtet, sie entsteht in der Praxis. In der Dérive werden soziale Räume durchstreift und die Bedingungen des prekarisierten Alltags erkundet, um zuallererst herauszufinden, was ein gemeinsamer Kampf gegen Prekarität und Prekarisierung bedeuten kann.[191] Davon ausgehend, dass das Prekäre weit über den Bereich der Arbeit hinausreicht und die gesamte Existenz erfasst, wird keine gemeinsame Identität gesucht, nichts, das alle einheitlich zusammenschlösse.

Stattdessen geht es den Precarias um die Erfindung von »Gemeinbegriffen« im Sinne Spinozas.[192] Solche Begriffe bilden sich durch die affektiven Verbindungen von Körpern, durch das, was ihnen in der wechselseitigen Affizierung gemein ist. Gemeinbegriffe entstehen durch die Aktualisierung dessen, was »dem menschlichen Körper und einigen äußeren Körpern, durch die der menschliche Körper affiziert zu werden pflegt, gemeinsam und eigentümlich ist«[193]. Entwickelt in den

---

[191] Vgl. Mennel, Birgit und Nowotny, Stefan: »Die militante Ethik der Precarias a la deriva. Eine Einleitung«, in: Precarias, »*Was ist dein Streik?*«, a.a.O., S. 7–32, hier S. 9–15.

[192] Weder die Precarias a la deriva noch Marta Malo de Molina verweisen explizit auf Spinoza, doch scheint ihr Verständnis von Gemeinbegriffen auf einer negristischen und deleuzianischen Spinoza-Interpretation zu beruhen. Diese Lesweise bieten Mennel und Nowotny in ihrer Einleitung an, der ich hier folge (vgl. Malo de Molina, »Gemeinbegriffe«, in: Precarias, »*Was ist dein Streik?*«, a.a.O., S. 139–183 und Mennel/Nowotny, »Die militante Ethik«, in: ebd., S. 19ff.).

[193] Spinoza, Baruch de: *Die Ethik*, lateinisch und deutsch revidierte Übers. von Jakob Stern, Stuttgart 1977, II, 39; vgl. Mennel/Nowotny, »Die militante Ethik«, in: Precarias, »*Was ist dein Streik?*«, a.a.O., S. 20.

Begegnungen mit anderen, dem Austausch mit ihnen, manifestieren sich in den Gemeinbegriffen sowohl die Vielfältigkeit als auch die Singularitäten der Existenzen.

Ähnlich wie Butler argumentieren auch die Precarias gegen Denktraditionen, die die grundlegende Relationalität mit anderen abwehren, vor der Ansteckung durch die Anderen warnen, eine Logik des Individualismus und der Sicherheit aufrechterhalten und damit Prekarisierung ausschließlich als Bedrohung wahrnehmen. Einer solchen sozialen und politischen Logik stellen sie eine »Logik der Sorge« entgegen.[194] Der damit verbundene Begriff von ›Reproduktion‹ sowie die Vielfältigkeit von Sorgetätigkeiten sind im Kontext postfordistischer Produktionsverhältnisse verortet und berücksichtigen die neuen Formen von kommunikativer Wissens- und Affektarbeit. Die Precarias fokussieren in ihren militanten Untersuchungen nicht nur Haus-, Pflege-, Betreuungs- und Erziehungsarbeiten, sondern auch die Arbeit in Callcenters und Sexarbeit.[195] Die Aufwertung dieser Sorgetätigkeiten ermögliche alternative politische Antworten auf gegenwärtige Probleme, wozu die unentwegte Reformulierung der Logik von Bedrohung und Sicherheit nicht in der Lage sei. Gegen die Tradition der politischen Schutzgemeinschaft entwickeln die Precarias a la

---

[194] Precarias a la deriva: »Geld oder Leben!«, in: dies., »*Was ist dein Streik?*«, a.a.O., S. 57–135, S. 58 und S. 70–80.

[195] Vgl. auch Precarias, »Projekt und Methode«, in: Pieper u.a, *Empire und die biopolitische Wende*, a.a.O.

deriva deshalb den Gemeinbegriff einer »Sorgegemeinschaft«, einer *cuidadanía*.[196]

Der Fokus auf Sorge hat in erster Linie zwei strategische Komponenten: Zum einen soll er in einem neuen Verständnis Sorgearbeit aufwerten und zum Ausgangspunkt politisch-ökonomischer Überlegungen machen. Die Bewertung traditioneller Dichotomien wird damit nicht einfach umgekehrt, sondern der geschlechtsspezifischen und heteronormativen Unterscheidung zwischen Produktion und Reproduktion soll ebenso die Grundlage entzogen werden wie der Trennung zwischen einem privaten und einem öffentlichen Bereich.[197] Zum anderen soll der Fokus auf Sorge zum »Anfangsmoment der Angst zurückkehren«[198] und die Relationalität mit anderen anerkennen – und damit auch »unsere Verletzlichkeit sowie [...] unsere situierte, partielle und unabgeschlossene Verfasstheit innerhalb des Geflechts von Beziehungen, in denen wir leben«[199].

---

196 Vgl. die Ausführungen zum Konzept der *cuidadanía*: Precarias, »Geld oder Leben!«, in: dies., »*Was ist dein Streik?*«, a.a.O., S. 104–115. Der spanische Begriff *cuidadanía* leitet sich von dem Wort *cuidado* (Sorge) her, der ein Wortspiel mit *ciudadanía* (Staats-BürgerInnenschaft) darstellt, was leider nicht in der Form ins Deutsche zu übersetzen ist (siehe auch die Übersetzungserklärungen von Mennel/Nowotny, »Die militante Ethik«, in: Precarias, »*Was ist dein Streik?*«, a.a.O., S. 29ff.).

197 Vgl. Precarias, »Geld oder Leben!«, in: dies., »*Was ist dein Streik?*«, a.a.O., S. 110ff.

198 Ebd., S. 74.

199 Ebd., S. 111f. Wie die Begrifflichkeit deutlich macht, beziehen sich die Precarias immer wieder auf Donna Haraway, vor allem auf ihre beiden Texte »Situiertes Wissen« und »Ein Manifest für Cyborgs«, beide auf Deutsch erschienen in Haraway, Donna: *Die Neuerfindung der Natur, Primaten, Cyborgs*

Wir befinden uns den Precarias zufolge gegenwärtig in einer multidimensionalen »Sorgekrise«, die nicht zu trennen ist von der »Prekarisierung der Existenz«, mit der immer mehr Menschen in unterschiedlicher Weise konfrontiert sind.[200] Das privatisierte Risikomanagement, durch das die eigene Lebensführung vorsorglich mittels Selbstdisziplinierung kontrolliert werden muss, korreliert vor allem in der Mittelschicht noch immer mit Abschottungstendenzen und Sicherheitsansprüchen gegenüber denjenigen, die als »Risikogruppen« deklariert werden. Individualisierung und Segmentierung steigen nicht zuletzt durch postfordistische Arbeitsverhältnisse, die die vollständige zeitliche Verfügbarkeit fordern, bei gleichzeitiger Beschneidung von Arbeits- und sozialen Rechten. Zeit und Kapazitäten für Sorgetätigkeiten für andere werden knapp; die Selbstsorge dient fast ausschließlich dazu, einen rentablen und produktiven Körper zu (re)produzieren. Doch einerlei wie hoch der Einsatz der kapitalisierten und technisierten Selbstsorge ist: Die Körper bleiben, und zwar nicht nur am Lebensanfang, sondern vor allem auch im Alter, sorgebedürftig, abhängig von der Pflege durch – zumeist wiederum prekäre – Andere, zunehmend Migrantinnen. Die Notwendigkeit der

---

*und Frauen*, hrsg. von Carmen Hammer und Immanuel Stieß, Frankfurt/M., New York 1995.

200 Vgl. Precarias, »Geld oder Leben!«, in: dies., »*Was ist dein Streik?*«, a.a.O., S. 80–91; Precarias a la deriva: »Die Prekarisierung der Existenz. Ein Gespräch«, in: Lorenz, Renate und Kuster, Brigitta: *sexuell arbeiten. eine queere perspektive auf arbeit und prekäres leben*, Berlin 2007, S. 259–272, hier S. 269.

Sorgearbeit führt bis heute nicht zu einer fairen Bezahlung.[201]

Zudem ist Sorgearbeit eng verknüpft mit der Verweigerung von Rechten: von Arbeitsrechten und StaatsbürgerInnenrechten, aber auch dem fehlenden Recht, unter würdigen Bedingungen umsorgt zu werden und unter würdigen Bedingungen Sorgearbeiten durchzuführen. Der strategische Bezug auf ein Recht auf Sorgetätigkeiten soll weder eine »weibliche Bringschuld« noch das Privileg der heteronormativen Geschlechternorm reproduzieren, durch welches Menschen, die nicht der Norm entsprechen, dieses Recht verwehrt wird. Zum Recht auf Sorgetätigkeiten gehört aber auch das Recht, keine Sorgetätigkeit zu verrichten, das heißt generell das Recht, in Bezug auf Sorgearbeit eine Wahl zu haben.[202]

Vor diesem Hintergrund fordern die Precarias einen »Sorgestreik«, der die festgefahrene Ordnung aus Bedrohung, Vorsorge, Für- und Selbstsorge aufbrechen soll, um sie neu anzuordnen. Wenn das neoliberale Dispositiv der Sorge – als Verschränkung von affektiver und kognitiver Arbeit, Privatisierung von Prävention, aktualisierter Angst vor dem Prekärsein sowie serviler Selbstsorge – in allen vier Dimensionen kapitalisierbar und gouvernemental wird, was kann dann ein Sorgestreik sein? Lässt sich die Relationalität des Lebens, die Verbundenheit mit anderen bestreiken? Mit Streik meinen die Precarias indes nicht das

---

[201] Vgl. Precarias, »Geld oder Leben!«, in: »*Was ist dein Streik?*«, a.a.O., S. 78f.

[202] Vgl. ebd., S. 85, S. 89ff. und S. 114. Zur Sorgepflicht von Migrantinnen für ihre »transnationalen Familien« siehe Salazar Parreñas, *Servants of Globalization*, a.a.O.

Aussetzen von Sorgetätigkeiten. Vielmehr sollen im Gegenteil die Sorgearbeiten ins Zentrum gerückt und dadurch die bestehende Ordnung unterbrochen werden. Bestreikt werden politische und ökonomische Anordnungen, die die Sorge als privat, weiblich und unproduktiv entwerten und damit depolitisieren; Sichtweisen, durch die Sorgearbeiten unentwegt unsichtbar gemacht und die entsprechenden Konflikte folglich nicht wahrgenommen werden. Der Sorgestreik will genau diese Auseinandersetzungen und Kämpfe hervorheben, von ihnen ausgehen; er soll im Sinne Donna Haraways ein »besonderes Instrument des Sehens [...] verschaffen«[203].

Die Praxen der Sorge und die in ihnen stattfindenden Verweigerungen, die großen und kleinen Widerständigkeiten sollen zur Artikulation gebracht werden, »um neue, freiere und kooperativere Formen des Affekts zu produzieren«[204]. Die sozialen Beziehungen werden bestreikt, so die Precarias, indem Überschüsse produziert werden, Überschüsse, die vor den Interessen des Profits *fliehen.*[205] Diese Verweigerung, diese Flucht findet in den alltäglichen Praktiken bereits statt, sie muss aber zusammengesetzt,

---

203 Precarias, »Geld oder Leben!«, in: dies., »*Was ist dein Streik?*«, a.a.O., S. 116; Haraway, »Situiertes Wissen«, in: dies., *Die Neuerfindung der Natur*, a.a.O., S. 73–97.

204 Precarias a la deriva: »Ein sehr vorsichtiger Streik um sehr viel Fürsorge (Vier Hypothesen)«, übers. von Jens Kastner, in: *transversal »Precariat«*, Juli 2004, http://eipcp.net/transversal/0704/precarias2/de (Übers. mod. entsprechend Mennel/Nowotny, »Die militante Ethik«, in: Precarias, »*Was ist dein Streik?*«, a.a.O., S. 27.)

205 Vgl. Precarias, »Geld oder Leben!«, in: dies., »*Was ist dein Streik?*«, a.a.O., S. 127.

artikuliert, aktualisiert, konstituiert werden. Deshalb stellen die aktivistischen Forscherinnen Fragen wie »Was ist deine Prekarität?«, »Was ist dein Streik?«[206], um von den singulären Praxen zu den Gemeinbegriffen der ›Prekarität‹ und des ›Streiks‹ zu kommen, in denen sich die affektiven Begegnungen und der kommunikative Austausch untereinander manifestieren. Das Durchstreifen der zerstreuten Prekären in der militanten Untersuchung und das Aussetzen ihrer Vereinzelung im Streik führen nicht zu einer einheitlichen Verbindung, sondern vielmehr dazu, dass »sprachlich-affektive Territorialitäten zwischen denjenigen Punkten geschaffen werden, die nicht bereits von vornherein über Territorien verfügen«[207]. Die Streikpraktiken umfassen Unterbrechungen und Brüche ebenso wie Erfindungen und Improvisationen. Darin entstehen neue Formen des Zusammenlebens und neue Formen der Konstituierung, um die »zunehmend prekarisierte Welt«[208] grundlegend zu verändern.

---

[206] Precarias, »Fragen«, in: dies., »*Was ist dein Streik?*«, a.a.O., S. 41 und S. 45f.

[207] Ebd., S. 53.

[208] Precarias, »Geld oder Leben!«, in: dies., »*Was ist dein Streik?*«, a.a.O., S. 117.

# 7. EXODUS UND KONSTITUIERUNG

Eine Fluchtlinie aus dem Sorgedispositiv – weg von der Dominanz der abgrenzenden Bedrohtheit durch Andere und der auf das Eigene fokussierten Vorsorge hin zu einer *cuidadanía*, einer Sorgegemeinschaft, in der die Relationalität mit anderen nicht abgebrochen, sondern als grundlegend betrachtet wird – würde nicht automatisch das Ende von Herrschaft, Ungleichheit und Gewalt bedeuten, nicht das Ende aller Regierungsweisen, nicht das Ende von Prekarität und Prekarisierung. Solche Fluchtlinien wären auch nicht einfach eine gewendete Dominanz innerhalb der Binarität zwischen Individualismus und Kollektivismus zugunsten des Letzteren. Als Bruch mit binären Logiken ist die Fluchtlinie den Machtverhältnissen immanent.[209]

Im Sinn einer militanten Untersuchung geht es zunächst um das Generieren von Gemeinbegriffen, um das Ergründen und Herstellen dessen, was gemeinsam

[209] Grundlegend für eine Figur der Flucht sind die Überlegungen von Deleuze, Gilles und Guattari, Félix: *Tausend Plateaus. Kapitalismus und Schizophrenie* 2, übers. von Gabriele Ricke und Ronald Voullié, Berlin 1992; vgl. auch Deleuze, Gilles und Parnet, Claire: *Dialoge*, übers. von Bernhard Schwibs, Frankfurt/M. 1980, S. 48ff. und S. 147; aber auch Foucaults Verständnis von Machtbeziehungen, die stets eine Umkehr dieser und/oder die Flucht aus diesen Beziehungen ermöglichen (vgl. Foucault, »Subjekt und Macht«, in: ders., *Schriften IV*, a.a.O., S. 292; Foucault, Michel: »Die Ethik der Sorge um sich als Praxis der Freiheit«, übers. von Hermann Kocyba, in: ders., *Schriften IV*, a.a.O., S. 875–902, hier S. 890.

geteilt wird – wodurch das Potenzial der Veränderung bestehender Verhältnisse unterstrichen werden kann.

Es gibt generell nicht, und auch nicht in einem solchen politischen Prozess, die Möglichkeit, sich auf ein gemeinsam geteiltes Prekärsein zu beziehen. Das Prekärsein bildet keinen Grund, es ist nicht allgemein bestimmbar und existiert nicht an sich. Es bleibt unbestimmt, gerade weil es immer in Relation zu anderen existiert und damit stets im Verhältnis zu sozialen und politischen Möglichkeiten des Handelns.

Vor diesem Hintergrund lässt sich aus dem gemeinsam geteilten Prekärsein keinerlei politische Perspektive ableiten, die in der Logik des modernen Gleichheitsverständnisses etwa folgendermaßen argumentieren könnte: Alle Menschen sind gleich, weil alle grundlegend prekär sind, woraus sich wiederum die politische Aufgabe eines Kampfes um die Anerkennung dieses humanen Grundes ableiten ließe. Da nämlich das Prekärsein ganz und gar nicht ein solcher Grund ist, wäre im Unterschied dazu der Ausgangspunkt für eine politische Argumentation die Ambivalenz zwischen dem trennenden Geteilten, das heißt der relationalen Differenz, und der dadurch entstehenden Möglichkeit des Gemeinsamen in der Verschiedenheit. Wie das Prekärsein ist auch das Gemeinsame nichts immer schon Bestehendes, auf das zurückgegriffen werden könnte; es ist vielmehr etwas, das im politischen Handeln erst hergestellt wird, denn die geteilte Verschiedenheit existiert nicht jenseits des Sozialen und des Politischen. Das Gemeinsame muss nicht sichtbar gemacht werden, weil es verdeckt ist, es wird wahrnehmbar im Fliehen und im Prozess der Konstituierung.

Wenn es um das Werden des Gemeinsam-Geteilten im Fliehen geht, so ist noch einmal – und zwar anders, als sie selbst es konzeptionalisiert hat – auf Hannah Arendts Überlegungen zurückzukommen, in denen sich politische Freiheit mit Bewegungsfreiheit verbindet, mit Weggehen, mit dem Verlassen von Herrschaftsverhältnissen der Souveränität. Bei Arendt verknüpft sich diese Freiheit des Weggehens mit einem Neuanfang, einem Neubeginn.[210] Dies lässt sich nicht nur mit der Fluchtlinie im Sinne von Deleuze und Guattari zusammendenken, sondern freilich auch mit Virnos politisch-theoretischer Konzeptualisierung des Exodus. Auch er geht von einem politischen Zusammen-Handeln aus, das sich von Souveränität distanziert, und damit – radikaler als Arendt – vom Staat. Unter der Bewegung des Exodus versteht Virno das massenweise Abfallen vom Staat, um so eine »nichtstaatliche öffentliche Sphäre« zu instituieren und zu einer »radikal neue[n] Form der Demokratie« zu gelangen.[211] In der Konzentration auf die gesellschaftliche Kooperation geht es ihm um eine »nicht-servile Virtuosität«, die von den postfordistischen Produktionsbedingungen abfällt.[212]

Um zu radikal neuen Formen der Demokratie zu gelangen, braucht es keine Flucht und keinen Exodus in ein Jenseits, keinen Massenauszug, um an einem ganz neuen Ort ein Zusammenleben zu erfinden.

---

[210] Vgl. auch Marchart, Oliver: *Neu beginnen. Hannah Arendt, die Revolution und die Globalisierung*, mit einem Vorwort von Linda Zerilli, Bd. 3 der Reihe »es kommt darauf an«, Wien 2005.

[211] Virno, *Grammatik der Multitude*, a.a.O., S. 95.

[212] Virno, »Virtuosität und Revolution«, in: ders., *Exodus*, a.a.O., S. 56.

Mein Verständnis von Exodus ist von Virno inspiriert, unterscheidet sich allerdings in der Frage der Immanenz. Anders als der biblische Auszug der Israeliten aus Ägypten, in dem es um die radikale Neugründung einer Ordnung ging[213], ist es mein Interesse, die Potenzialität und die Bewegung des Exodus in den Machtverhältnissen selbst zu unterstreichen, deren Umkehr und die immer mögliche Flucht daraus, die nie in ein Außerhalb von Macht führt. Das ist der Grund dafür, die ambivalente Konstituierung der Selbstregierung, der gouvernementalen Subjektivierungsweisen zu betonen. Ein Exodus aus der neoliberalen Gouvernementalität entsteht aus dem Zurückweisen der kapitalisierbaren Selbstregierung und der Hinwendung zu einer Selbstführung, die im Ungehorsam neue Lebensweisen erprobt. Solche Zurückweisungen sind kein Befreiungsschlag von allen bisherigen neoliberalen Verstrickungen, sondern der Beginn der Auseinandersetzungen und Kämpfe darum, nicht mehr auf diese Weise, nicht mehr um diesen Preis regiert zu werden und sich selbst zu regieren.

Eine nicht-servile Virtuosität ist der servilen immanent, so wie das Potenzial, gegenwärtigen dienenden Virtuositäten zu entfliehen, nicht zuletzt in den prekären Subjektivierungsweisen selbst entsteht. Es geht darum, dass im Exodus der Vielen eine Konstituierung, eine Organisierung der mannigfaltigen Singularitäten entsteht, um ›zurückzukehren‹ und die bestehenden Verhältnisse grundlegend zu verändern.[214] Ein

---

213 Vgl. Walzer, Michael: *Exodus und Revolution*, übers. von Bernd Rullkötter, Berlin 1988.

214 Zu dieser Figur des Exodus und der Bedeutung der ›Rückkehr‹ siehe Lorey, *Figuren des Immunen*, a.a.O., bes. S. 36–51

Instrument dafür kann die Erfindung von Gemeinbegriffen sein.

## NICHT VOLLSTÄNDIG KAPITALISIERBARE PRODUKTIVITÄT

Es existiert eine wichtige Vorannahme für eine politische wie theoretische Perspektive auf das Gemeinsame: Die neue Form der auf Kommunikation, Wissen, Kreativität und Affekt basierenden Arbeitskraft ist keineswegs ausschließlich für eine neue Phase kapitalistischer Akkumulation produktiv. Die Ökonomisierung des Sozialen, das Zusammenfallen von Arbeit und Leben, die Anforderungen, bei performativ-kognitiver, affektiver Arbeit die gesamte Person einzubringen, also die Kapitalisierung von Subjektivierungsweisen – all diese Prozesse sind keineswegs total, umfassend oder vollkommen determiniert. Immer entstehen Überschüsse, Möglichkeiten der Artikulation und Potenzialitäten von Widerständigkeit. Subjektivierungsweisen gehen nicht in den normativen staatlichen und ökonomischen Anrufungen nach Flexibilität, Mobilität und affektiver wie kreativer Arbeit auf. In unsicheren, flexibilisierten und diskontinuierlichen Arbeits- und Lebensverhältnissen entstehen Subjekti-

---

und S. 293–313; Lorey, Isabell: »Versuch, das Plebejische zu denken. Exodus und Konstituierung als Kritik«, in: *transversal: »The Art of Critique«*, August 2008, http://eipcp.net/transversal/0808/lorey/de; Lorey, Isabell: »Konstituierende Kritik. Die Kunst, den Kategorien zu entgehen«, in: Mennel, Birgit, Nowotny, Stefan und Raunig, Gerald (Hg.): *Kunst der Kritik*, Wien 2010, S. 47–65.

vierungen, die nicht zur Gänze einer neoliberalen Verwertungslogik entsprechen, die sich auch widersetzen und verweigern.[215]

Die Prozesse der Prekarisierung sind ein umkämpftes soziales Terrain, in dem sich die Kämpfe der Arbeitenden und die Wünsche nach anderen Formen des Lebens und Arbeitens artikulieren.[216] Die Prozesse der Prekarisierung sind nicht nur im kapitalistisch verwertbaren Sinn produktiv. In postfordistischen prekären Produktionsverhältnissen werden immer wieder neue Lebensformen, neue soziale Beziehungen entwickelt und erfunden. Auch in diesem Sinne sind die Prozesse der Prekarisierung produktiv.

Jene Arbeitsformen, die in erster Linie auf Kommunikation und Affekten, auf dem Austausch mit anderen basieren, sind nicht zur Gänze berechenbar.

---

[215] Vgl. Kuster, Brigitta: »Die eigenwillige Freiwilligkeit der Prekarisierung«, in: *transversal: »Precariat«*, Juli 2004, http://eipcp.net/transversal/0704/kuster/de; Papadopoulos, Dimitris, Stephenson, Niamh und Tsianos, Vassilis: *Escape Routes. Control and Subversion in the 21st Century*, London, Ann Arbor 2008; Pieper, Marianne, Panagiotidis, Efthimia und Tsianos, Vassilis: »Regime der Prekarisierung und verkörperte Subjektivierung«, in: Herlyn, Gerrit u.a. (Hg.): *Arbeit und Nicht-Arbeit. Entgrenzungen und Begrenzungen von Lebensbereichen und Praxen*, München, Mering 2009, S. 341–357.

[216] Vgl. Frassanito-Network, »Prekär, Prekarisierung, Prekariat«, a.a.O.; siehe auch Caixeta, Luzenir: »Jenseits eines simplen Verelendungsdiskurses. Prekäre Arbeitsverhältnisse von Migrantinnen und Möglichkeiten einer (Selbst-)Organisation der Betroffenen am Beispiel von *maiz*«, in: *Kulturrisse. Zeitschrift für radikaldemokratische Kulturpolitik: »Organisierung der Unorganisierbaren«* 4, 2006, S. 22–25; Osten, Marion von: »Irene ist Viele! Oder was die Produktivkräfte genannt wird«, in: Pieper u.a., *Empire und die biopolitische Wende*, a.a.O., S. 109–124.

Der messbare Charakter der Produktion wird überschritten, Produktion wird so im Vergleich zur fordistischen Industriearbeit tendenziell unkalkulierbar.[217] In den Prozessen der Prekarisierung entsteht in vielen Momenten Unvorhergesehenes, Kontingentes und auch in diesem Sinne Prekäres. Dieser Aspekt von Prekarisierung birgt die Potenzialität von Verweigerung und produziert zugleich eine Neuzusammensetzung von Arbeit und Leben, von Sozialität, die nicht so, nicht sofort, nicht so schnell und vielleicht gar nicht kapitalisierbar ist. In solchen Neu-Zusammensetzungen geschehen Unterbrechungen im Prozess der Normalisierung, das heißt der Kontinuität von Verwertbarkeit und Regierbarkeit.

Prekäre Lebens- und Arbeitsverhältnisse bedeuten demnach nicht nur, dem Unvorhersehbaren, der Unsicherheit ausgesetzt zu sein, nicht langfristig planen zu können und gerade darin ausbeutbar zu sein. Im Umgang mit der Kontingenz entsteht darüber hinaus zugleich die Fähigkeit, weggehen zu können und etwas Neues zu beginnen: die Potenzialität von Exodus und Konstituierung. Denn der Exodus aus Herrschaftsverhältnissen, das Abfallen von Weisen, regiert zu werden, muss nicht in individualistischer Zerstreuung münden, es kann sich auch in einer Gründung, in einer Konstituierung neu formieren. Das Zusammensetzen meint als widerständige Bewegung zugleich Ermächtigung im Sinne einer konstituierenden Macht. Diese Verwendung von Konstituierung ist gegen Vor-

---

[217] Zur die industriekapitalistische Werttheorie aushebelnde Überschussproduktion des Kognitiven siehe Lorey/Neundlinger, *Kognitiver Kapitalismus*, a.a.O.

stellungen von Gemeinschaft oder kollektiver Identitätsbildung gerichtet und bedeutet keine Konstitution im Sinne einer (Staats-)Verfassung, mithin einer Konstitution, die seit der Französischen Revolution an Selbstgesetzgebung und dementsprechend an bürgerliche Souveränität gekoppelt ist.[218] Im Unterschied dazu wird Konstituierung auf einer theoretischen wie politischen Ebene als eine Bewegung verstanden, die sich von Souveränität und damit vom Juridischen entfernt. Voraussetzung für die Entfaltung einer solchen konstituierenden Macht ist die gemeinsame Verweigerung und der gemeinsame Exodus, nicht um in der Negation oder der dekonstruktiven Infragestellung zu verweilen, sondern um Neu-Zusammensetzungen erfinden zu können.

Der erste Schritt in diese Richtung ist der Ungehorsam, die Verweigerung der servilen Virtuosität. Gerade weil prekäre WissensarbeiterInnen in der Gegenwart von anderen agieren, sind sie nicht mehr in extremem Maße individualisiert, sondern immer auch Teil der Produktion neuer Sozialitäten. In dieser geteilten Virtuosität entsteht das Vermögen einer gemeinsamen konstituierenden Macht, die den Raum eröffnet, sich darüber zu verständigen, wie man leben, wie man arbeiten möchte, was zur Absicherung, zum gegenseitigen Schutz notwendig ist.

Die Potenzialität des Exodus kann für einen gewendeten Begriff von ›politischer Freiheit‹ genutzt

---

[218] Vgl. Lorey, Isabell: »Von den Kämpfen aus. Eine Problematisierung grundlegender Kategorien«, in: Hess, Sabine, Langreiter, Nikola und Timm, Elisabeth (Hg.): *Intersektionalität revisited. Empirische, theoretische und methodische Erkundungen*, Bielefeld 2011, S. 101–116, bes. S. 103.

werden; eine ›politische Freiheit‹, die keine individuelle Praxis meint, sondern eine, die die Bedingung der postfordistischen Virtuosität für eine neue Konstituierung nutzt. Sie muss sich mit anderen verbinden, mit anderen in Austausch treten, mit anderen zusammen handeln. Virtuosität unter den Bedingungen der Nicht-Souveränität bedeutet den gemeinsamen Exodus und die daraus entstehende konstituierende Macht, um – darauf kommt es an – wieder in die Verhältnisse zu intervenieren, denen man sich verweigert hat.

Ist es vor diesem Hintergrund ausreichend, in einer juridischen Logik verbesserte Schutzrechte für die Prekären zu fordern sowie die Anerkennung eines geteilten Prekärseins? Braucht es nicht auch das Aufbrechen der Binarität von Sicherheit und Schutz auf der einen und dem bedrohlichen Prekären auf der anderen Seite? *Prekärsein* als Sozialontologie und *Prekarität* als identitäre Positionierung unterstreichen in erster Linie die Aspekte des Ausgeliefertseins und der Viktimisierung. *Prekarisierung* geht darüber hinaus und ist in ihrer gouvernementalen Dimension ausgesprochen produktiv: sowohl als Regierungsinstrument und als kapitalistisches Ausbeutungsverhältnis als auch als nicht nur Unterwerfung implizierende, sondern überdies unkalkulierbare und potenziell ermächtigende Selbstregierung. Techniken der Selbstführung umfassen aktive Weisen der Selbst-Ausbeutung wie auch Formen freiwilliger Selbst-Prekarisierung[219] und darin zugleich neue Subjektivierungsweisen, die neoliberalen

[219] Vgl. Lorey, Isabell: »Gouvernementalität und Selbst-Prekarisierung. Zur Normalisierung von KulturproduzentInnen«, in: *transversal: »Maschinen und Subjektivierung«*, November 2006, http://eipcp.net/transversal/1106/lorey/de.

Herrschaftsformen entgehen können und neue Praktiken widerständiger Zusammensetzung und konstituierender Macht ermöglichen. Sie können eine Bresche in bestehende Herrschaftsverhältnisse schlagen, eine Bresche, die eine gewisse Affirmation bedeutet, in der Neues entstehen kann.

## FURCHT ERREGENDE POLITIKEN DER PREKÄREN: WENN DIE ANGST NICHT MEHR BÄNDIGT

Im Kontext der Bewegungen der Prekären, die am Beginn der 2000er Jahre als EuroMayDay-Bewegungen entstanden sind, geht es um eine solche Affirmation, die nicht Opportunismus ist, sondern eine Potenzialität der Konstituierung.[220] So wurde beispielsweise der Begriff der ›Prekarisierten‹ wegen seiner

---

[220] Seit Beginn der 2000er Jahre finden in über 20 europäischen Städten am 1. Mai EuroMayDay-Paraden mit bis zu 150.000 TeilnehmerInnen statt, um am traditionellen Tag der Arbeit die Prekarisierung von Lebens- und Arbeitsverhältnissen zu problematisieren. Die AktivistInnen setzen sich aus den unterschiedlichsten gesellschaftlichen Positionierungen zusammen. Die Paraden des transnationalen Netzwerkes EuroMayDay sind allerdings nur ein Ereignis neben ganzjährlichen Veranstaltungen, Befragungen und Publikationen. Es geht bei EuroMayDay sowohl um neue Formen der Organisierung als auch um die Selbstverständigung über unterschiedliche Prekarisierungsweisen und kollektive Wissensproduktionen (siehe u.a. http://www.euromayday.org; *transversal: »Precariat«*, Juli 2004, http://eipcp.net/transversal/0704; *transversal: »Militante Untersuchung«*, April 2006, http://eipcp.net/transversal/0406; *mute magazine. culture and politics after the net*, 2005, http://metamute.org/en/Precarious-Reader; Raunig, *Tausend Maschinen*, a.a.O., S. 67ff.).

passivierenden und viktimisierenden Konnotation der (Fremd-)Bezeichnung abgelehnt; stattdessen wurden ›prekär‹ und ›Prekarisierung‹ von einem allein »abzuwehrenden Übel« schließlich auch zur Selbstbezeichnung gewendet.[221]

Geht es in sozialwissenschaftlichen Diskursen um möglichst präzise und abgegrenzte Definitionen von Begrifflichkeiten wie ›Prekarität‹, um festlegen zu können, wer mehr oder weniger davon betroffen ist, fanden und finden im Kontext der EuroMayDay-Bewegungen umgekehrte Überlegungen statt. Niemand hat hier Interesse daran, die Differenzen unter den Prekären zu negieren, viel eher wird bei aller Unterschiedlichkeit nach Bündnisstrategien und Allianzen gesucht, die Grenzziehungen durch Gruppenkonstruktionen oder sozialwissenschaftliche Kategorisierungen nicht reproduzierend verfestigen, wie es bei rasternden Klassifizierungen in unterprivilegierte Prekäre und Luxusprekäre geschieht, mitsamt den jeweiligen Zuordnungen von MigrantInnen, illegalisierten Personen auf der einen und kreativ Arbeitenden auf der anderen Seite.

Ausgehend von Überlegungen im Kontext der Debatten um die »Autonomie der Migration« stehen sowohl Handlungsfähigkeit als auch »Freiwilligkeit der Prekarisierung« im Zentrum der theoretischen und politischen Analyse dieser Bewegungen der Prekären.[222]

---

221 Raunig, *Tausend Maschinen*, a.a.O., S. 69 und S. 75.

222 Vgl. Transit Migration Forschungsgruppe (Hg.): *Turbulente Ränder. Neue Perspektiven auf Migration an den Grenzen Europas*, Bielefeld 2007; Kuster, »Die eigenwillige Freiwilligkeit«, in: *transversal*, a.a.O.; Caixeta, »Jenseits eines simplen Verelendungsdiskurses«, in: *Kulturrisse*, a.a.O.

Sie suchen die unterschiedlichen Erfahrungen zu verbünden und konzentrieren sich nicht allein auf die Angst machende, bedrohliche Seite, sondern auf das gesamte Geflecht einer gouvernementalen Prekarisierung und verfolgen damit zugleich eine Perspektive auf die Potenzialitäten von Widerstand und die Erfindung des Neuen.

Wenn das Unberechenbare, die Kontingenz anerkannt und zur Grundlage politischer Praxen wird, dann kann Prekarisierung nicht mit einer vereinheitlichenden Repräsentationspolitik gebändigt werden.[223] Gerade vor dem Hintergrund sehr differenter prekärer Existenzweisen der AktivistInnen entstanden in der EuroMayDay-Bewegung unterschiedliche Bündnisse zwischen prekären KulturproduzentInnen, WissensarbeiterInnen, MigrantInnenorganisationen, Arbeitsloseninitiativen, Organisierungen von illegalisierten Personen oder auch Gewerkschaften. Um die vielfältigen Prekären nicht erneut zu segmentieren, zu separieren und zu individualisieren, haben sich die kritischen Diskurse und widerständigen Praxen im Kontext von Prekarisierung im vergangenen Jahrzehnt immer wieder auf das konzentriert, was den Prekären in aller Differenz gemeinsam ist. Nicht selten wurden alternative Praxen der Wissensproduktion wie die ›militante Untersuchung‹ dafür eingesetzt, den »unterirdischen und häufig unsichtbaren Faden des Unbehagens und

---

[223] Vgl. auch Virno, *Exodus*, a.a.O., S. 60; Hamm, Marion und Adolphs, Stephan: »Performative Repräsentation prekärer Arbeit: mediatisierte Bilderproduktion in der EuroMayDay-Bewegung«, in: Herlyn, *Arbeit und Nicht-Arbeit*, a.a.O., S. 315–340.

der täglichen Aufstände«[224] zu erforschen und die Produktivität prekärer Lebens- und Arbeitsverhältnisse zur Veränderung von Regierungsweisen zu nutzen, um sich ihnen gemeinsam zu verweigern und ihnen zu entgehen.

Politische Praxen, die von der Vielfalt der Prekären ausgehen, wurden in der MayDay-Bewegung immer wieder als identitäts- und repräsentationskritische, als nicht-repräsentationistische Praxen explizit gemacht, die sich als eine politische »Form der Formlosigkeit« verstehen lassen, als neue Form der Demokratie.[225] Sie bedeutet keinen Mangel an Repräsentation oder konkreten Forderungen, sondern die »ambivalente Voraussetzung für die Entstehung von Furcht wie für die Erfindung von neuen, Furcht erregenden Formen der Verkettung«[226].

Die Gleichzeitigkeit von unterwerfender Angst und der Potenzialität einer entsetzenden, nach außen gewendeten Furcht entsteht gerade in den Dynamiken

---

[224] Malo de Molina, »Gemeinbegriffe«, in: Precarias, »*Was ist dein Streik?*«, a.a.O., S. 153.

[225] Raunig, *Tausend Maschinen*, a.a.O., S. 105. – Zu den neuen Formen von Demokratie, die in den Occupy-Bewegungen der Prekären des Jahres 2011 entstanden sind, siehe Lorey, »Non-Representationist, Presentist Democracy«, in: *transversal*, a.a.O.; Lorey, »Occupy«, in: *Bildpunkt*, a.a.O.; Lorey, Isabell und Raunig, Gerald: »*Matrix examinatrix*. Dispersion *and* Concentration«, übers. von Thomas Taborsky, in: *Krisis. Journal of Contemporary Philosophy* 3, 2011, S. 32–39, http://www.krisis.eu/content/2011-3/krisis-2011-3-05-lorey-raunig.pdf.

[226] Raunig, *Tausend Maschinen*, a.a.O., S. 105; siehe auch Tsianos, Vassilis und Papadopoulos, Dimitris: »Prekarität: Eine wilde Reise ins Herz des verkörperten Kapitalismus. Oder: Wer hat Angst vor der immateriellen Arbeit?«, in: Raunig/Wuggenig, *Kritik der Kreativität*, a.a.O., S. 145–164.

gouvernementaler Prekarisierung – in den darin sich entwickelnden Subjektivierungsweisen zwischen Servilität und Entsetzen. Die gewendete Furcht entsetzt in zweifacher Weise: zum einen als nicht vereinigte, aber zusammengesetzte – also konstituierte – formlose Form der Vielen, welche die Tradition der Furcht erregenden Multitude, der Menge, der nicht bestimmbaren Beliebigen fortsetzt; und sie ent-setzt zum anderen im Sinn von Abfallen, von Fliehen sowie eines gemeinsamen Exodus. In einer entsetzenden, Furcht erregenden Konstituierung entsteht ein Vermögen der bedrohten und bedrohlichen Prekären, neue Formen des Schutzes zu erfinden, die nicht in der immunisierenden Abwehr und Negation von Gefährdetheit und Kontingenz bestehen, sondern solche herrschaftssichernden Dynamiken durchbrechen und die damit verbundenen Fantasien von Unverletzbarkeit und Überlegenheit untergraben.

Gerade weil gouvernementale Prekarisierung Bedingung und Effekt eines neoliberalen Regierens durch Unsicherheit ist, mit der die Einzelnen regierbar gemacht werden, verkennt die einseitige Fokussierung auf Gefahr und Bedrohung die immanente Potenzialität der ermächtigenden, widerständigen Umkehrung, der Flucht. Freilich ist genau diese Produktivität potenziell wieder kapitalisierbar und gouvernementalisierbar, und sie entgeht keineswegs in absoluter Weise den unterwerfenden Dynamiken gouvernementaler Prekarisierung. Dennoch und dessen ungeachtet entsteht durch die permanenten singulären Verweigerungen, die kleinen Sabotagen und Widerständigkeiten des prekären Alltags, eine Potenzialität, welche die Disziplinierungen der gouvernementalen Prekarisierung immer wieder unterwandert. Diese konstituierende Macht ist auch deshalb Furcht erregend, weil sie mit dem immunisierenden Abwehrdiskurs der bürgerlichen Mitte über die Bedrohlichkeit des »Prekariats« bricht und schließlich diese Zuschreibung als offensiv besetztes »Monster Prekariat«[227] umkehrt. Solche Interventionen sind Kämpfe um die Formen des Regierens wie um Lebensverhältnisse und Denkweisen, in denen Kontingenz und Unberechenbarkeit nicht länger als Bedrohung erfahren werden müssen. Das kann Entsetzen hervorrufen und Furcht erregend sein. Denn die alltäglichen Widerstandspraxen wie die politischen Kämpfe der Prekären haben das Potenzial, sich nicht mehr zur Sicherung mancher gegen bedrohliche Andere aufteilen und verteilen zu lassen.

---

[227] Raunig, Gerald: »Das Monster Prekariat«, 2007, http://translate.eipcp.net/strands/02/raunig-strands02en?lid=raunig-strands02de.

# DANK

Ich danke Judith Butler, Stefan Nowotny und Gerald Raunig, dem European Institute for Progressive Cultural Policies (eipcp) und kpD/kleines postfordistisches Drama: Brigitta Kuster, Marion von Osten und Katja Reichard, sowie allen HerausgeberInnen und RedakteurInnen, die zur Ausarbeitung der folgenden Texte, die Vorarbeiten zu diesem Buch darstellen, beigetragen haben.

»Politics of Immunization, and the Precarious Life«, übers. von Rainer Emig, in: Siegmund, Gerald und Hölscher, Stefan (Hg.): *Dance, Politics, and Co-Immunity*, Zürich 2012.

»Gouvernementale Prekarisierung«, in: Lorey, Isabell, Nigro, Roberto und Raunig, Gerald (Hg.): *Inventionen 1: Gemeinsam. Prekär. Potentia. Kon-/Disjunktion. Ereignis. Transversalität. Queere Assemblagen*, Zürich 2011, S. 72–86.

»Becoming Common. Precarization as Political Constituting«, übers. von Aileen Derieg, in: *e-flux*: *»Searching for the Post-Capitalist-Self«* 17, 2010, http://www.e-flux.com/journal/view/148 (dt.: »Gemeinsam werden. Prekarisierung als politische Konstituierung«, in: *Grundrisse. Zeitschrift für linke Theorie und Debatte* 35, 2010, S. 19–25.

»Prekarisierung als Verunsicherung und Entsetzen. Immunisierung, Normalisierung und neue Furcht erregende Subjektivierungsweisen«, in: Manske, Alexandra und Pühl, Katharina (Hg.): *Prekarisierung zwischen Anomie und Normalisierung. Geschlechtertheoretische Bestimmungen*, Münster 2010, S. 48–81.

»Virtuosität zwischen Dienstbarkeit und Exodus. Postfordistische Öffentlichkeit, soziale Produktion und politisches Handeln«, in: *fkw//Zeitschrift für Geschlechterforschung und Visuelle Kultur: »Das Private bleibt Politisch«* 49, 2010, S. 11–23.

»VirtuosInnen der Freiheit. Zur Implosion von politischer Virtuosität und produktiver Arbeit«, in: *transversal: »Creativity Hypes«*, Februar 2007, http://eipcp.net/transversal/0207/lorey/de (auch in: Altenhain, Claudio u.a. (Hg.): *Von »Neuer Unterschicht« und Prekariat. Gesellschaftliche Verhältnisse und*

*Kategorien im Umbruch. Kritische Perspektiven auf aktuelle Debatten*, Bielefeld 2008, S. 153–164).

»Vom immanenten Widerspruch zur hegemonialen Funktion. Biopolitische Gouvernementalität und Selbst-Prekarisierung von KulturproduzentInnen«, in: Raunig, Gerald und Wuggenig, Ulf (Hg.): *Kritik der Kreativität*, Wien 2007, S. 121–136.

»Gouvernementalität und Selbst-Prekarisierung. Zur Normalisierung von KulturproduzentInnen«, in: *transversal: »Maschinen und Subjektivierung«*, November 2006, http://eipcp.net/transversal/1106/lorey/de.

# LITERATUR


Altenhain, Claudio u.a. (Hg.): *Von »Neuer Unterschicht« und Prekariat. Gesellschaftliche Verhältnisse und Kategorien im Umbruch. Kritische Perspektiven auf aktuelle Diskurse*, Bielefeld 2008.

Althusser, Louis: *Ideologie und ideologische Staatsapparate. Aufsätze zur marxistischen Theorie*, *Gesammelte Schriften*, übers. und hrsg. von Frieder Otto Wolf, 1. Halbbd., Hamburg 2010.

Apitzsch, Ursula und Schmidbaur, Marianne (Hg.): *Care und Migration. Die Ent-Sorgung menschlicher Reproduktionsarbeit entlang von Geschlechter- und Armutsgrenzen*, Opladen, Farmington Hills 2010.

Arendt, Hannah: »Freiheit und Politik«, in: dies.: *Zwischen Vergangenheit und Zukunft. Übungen im politischen Denken 1*, hrsg. von Ursula Ludz, München, Zürich 1994, S. 201–226.

— *Vita Activa oder vom täglichen Leben*, München 1981.

— *Was ist Politik? Fragmente aus dem Nachlass*, hrsg. von Ursula Ludz, Vorwort von Kurt Sontheimer, München, Zürich 2003.

Atzert, Thomas und Müller, Jost (Hg.): *Immaterielle Arbeit und imperiale Souveränität. Analysen und Diskussionen zu Empire*, Münster 2004.

Aulenbacher, Brigitte: »Die soziale Frage neu gestellt – Gesellschaftsanalysen der Prekarisierungs- und Geschlechterforschung«, in: Castel/Dörre, *Prekarität*, Frankfurt/M., New York 2009, S. 65–80.

Bohlender, Matthias: *Metamorphosen des liberalen Regierungsdenkens. Politische Ökonomie, Polizei und Pauperismus*, Weilerswist 2007.

Bourdieu, Pierre: »Prekarität ist überall«, übers. von Andreas Pfeuffer, in: ders.: *Gegenfeuer. Wortmeldungen im Dienste des Widerstands gegen die neoliberale Invasion*, Konstanz 1998, S. 96–102.

Bude, Heinz und Willisch, Andreas (Hg.): *Exklusion. Die Debatte über die ›Überflüssigen‹*, Frankfurt/M. 2008.

Butler, Judith: »For and Against Precarity«, in: *Tidal. Occupy Theory, Occupy Strategy* 1, December 2011, S. 12f., http://occupytheory.org/TIDAL_occupytheory.pdf.

— *Frames of War. When Is Life Grievable?*, London, New York 2009.

— *Gefährdetes Leben. Politische Essays*, übers. von Karin Wördemann, Frankfurt/M. 2005.

— *Precarious Life. The Powers of Mourning and Violence*, London, New York 2004.

— »Precarious Life, Grievable Life«, in: dies., *Frames of War*, London, New York 2009, S. 1–32.

— *Raster des Krieges. Warum wir nicht jedes Leid beklagen*, übers. von Reiner Ansén, Frankfurt/M., New York 2010.

Caffentzis, George und Federici, Silvia: »Anmerkungen zur edufactory und zum kognitiven Kapitalismus«, übers. von Therese Kaufmann, in: Lorey/Neundlinger, *Kognitiver Kapitalismus*, Wien 2012, S. 88–102.

Caixeta, Luzenir u.a.: *Hogares, Cuidados y Fronteras/Home, Care and Borders/Haushalt, Sorge und Grenzen*, Madrid 2004.

Caixeta, Luzenir: »Jenseits eines simplen Verelendungsdiskurses. Prekäre Arbeitsverhältnisse von Migrantinnen und Möglichkeiten einer (Selbst-)Organisation der Betroffenen am Beispiel von *maiz*«, in: *Kulturrisse. Zeitschrift für radikaldemokratische Kulturpolitik: »Organisierung der Unorganisierbaren«* 4, 2006, S. 22–25.

Castel, Robert: »Die Fallstricke des Exklusionsbegriffs«, übers. von Gustav Roßler, in: Bude/Willisch, *Exklusion*, Frankfurt/M. 2008, S. 69–86.

— *Die Metamorphosen der sozialen Frage. Eine Chronik der Lohnarbeit*, übers. von Andreas Pfeuffer, Konstanz 2000.

— *Negative Diskriminierung. Jugendrevolten in den Pariser Banlieues*, übers. von Thomas Laugstien, Hamburg 2009.

— *Die Stärkung des Sozialen. Leben im neuen Wohlfahrtsstaat*, übers. von Michael Tillmann, Hamburg 2005.

— »Die Wiederkehr der sozialen Unsicherheit«, übers. von Thomas Atzert, in: Castel/Dörre, *Prekarität*, Frankfurt/M., New York 2009, S. 21–34.

— und Dörre, Klaus (Hg.): *Prekarität, Abstieg, Ausgrenzung. Die soziale Frage am Beginn des 21. Jahrhunderts*, Frankfurt/M., New York 2009.

Corsani, Antonella: »›Was wir verteidigen, verteidigen wir für alle.‹ Spuren einer Geschichte in Bewegung«, übers. von Karoline Feyertag, in: *transversal: »On Universalism«*, Juni 2007, http://eipcp.net/transversal/0607/corsani/de.

— und Lazzarato, Maurizio: *Intermittents et précaires*, Paris 2008.

Deleuze, Gilles: »Postskriptum über die Kontrollgesellschaften«, in: ders.: *Unterhandlungen 1972–1990*, übers. von Gustav Roßler, Frankfurt/M. 1993, S. 254–262.

— und Guattari, Felix: *Tausend Plateaus. Kapitalismus und Schizophrenie 2*, übers. von Gabriele Ricke und Ronald Voullié, Berlin 1992.

— und Parnet, Claire: *Dialoge*, übers. von Bernhard Schwibs, Frankfurt/M. 1980.

Demirović, Alex: *Das Problem der Macht bei Michel Foucault*, Working Paper des Instituts für Politikwissenschaft 2, Wien 2008.

Dörre, Klaus: »Entsicherte Arbeitsgesellschaft. Politik der Entprekarisierung«, in: *Widerspruch. Beiträge zu sozialistischer Politik* 49, 2005, S. 5–18.

Eichhorn, Cornelia: »Geschlechtliche Teilung der Arbeit. Eine feministische Kritik«, in: Atzert/Müller, *Immaterielle Arbeit und imperiale Souveränität*, Münster 2004, S. 189–202.

Engel, Antke: *Bilder von Sexualität und Ökonomie. Queere kulturelle Politiken im Neoliberalismus*, Bielefeld 2009.

— »Wie regiert die Sexualität? Michel Foucaults Konzept der Gouvernementalität im Kontext queer/feministischer Theoriebildung«, in: Pieper, Marianne und Gutiérrez Rodríguez, Encarnación (Hg.): *Gouvernementalität. Ein sozialwissenschaftliches Konzept in Anschluss an Foucault*, Frankfurt/M., New York 2003, S. 224–239.

— und Butler, Judith: »Politics under Conditions of Precariousness and Violence«, in: Gržinić, Marina und Reitsamer, Rosa (Hg.): *New Feminism. Worlds of Feminism, Queer and Networking Conditions*, Wien 2008, S. 135–146.

Esposito, Roberto: *Communitas. Ursprung und Wege der Gemeinschaft*, übers. von Sabine Schulz und Francesca Raimondi, Berlin 2004.

— *Immunitas. Schutz und Negation des Lebens*, übers. von Sabine Schulz, Berlin 2004.

Ettlinger, Nancy: »Precarity Unbound«, in: *Alternatives. Global, Local, Political* 32, 2007, S. 319–340.

*Etymologisches Wörterbuch der deutschen Sprache*, Friedrich Kluge, bearb. von Elmar Seebold, 24., durchges. und erw. Aufl., Berlin, New York 2002.

Ewald, François: *Der Vorsorgestaat*, übers. von Wolfram Bayer und Hermann Kocyba, Frankfurt/M. 1993.

Federici, Silvia: *Caliban and the Witch. Women, the Body and Primitive Accumulation*, New York 2004.

Foucault, Michel: »Die Ethik der Sorge um sich als Praxis der Freiheit«, übers. von Hermann Kocyba, in: ders.: *Schriften in vier Bänden. Dits et Ecrits, Band IV: 1980–1988*, Frankfurt/M. 2005, S. 875–902.

— *Die Geburt der Biopolitik. Geschichte der Gouvernementalität II, Vorlesung am Collège de France 1978–79*, übers. von Jürgen Schröder, hrsg. von Michel Sennelart, Frankfurt/M. 2004.

— *In Verteidigung der Gesellschaft, Vorlesungen am Collège de France 1975–76*, übers. von Michaela Ott, Frankfurt/M. 1999.

— »Le Libéralisme comme nouvel art de gouverner«, in: Le Blanc, Guillaume und Terrell, Jean (Hg.): *Foucault au Collège de France: un itinéraire*, Bordeaux 2003, S. 205–212.

— *Sicherheit, Territorium, Bevölkerung. Geschichte der Gouvernementalität I, Vorlesung am Collège de France 1977–1978*, übers. von Claudia Brede-Konersmann und Jürgen Schröder, hrsg. von Michel Sennelart, Frankfurt/M. 2004.

— »Subjekt und Macht«, übers. von Michael Bischoff, in: ders.: *Schriften in vier Bänden. Dits et Ecrits, Band IV: 1980–1988*, Frankfurt/M. 2005, S. 269–294.

— *Die Wahrheit und die juristischen Formen*, mit einem Nachwort von Martin Saar, übers. von Michael Bischoff, Frankfurt/M. 2003.

— *Was ist Kritik?*, übers. von Walter Seitter, Berlin 1992.

— *Der Wille zum Wissen. Sexualität und Wahrheit 1*, übers. von Ulrich Raulff und Walter Seitter, Frankfurt/M. 1983.

Frassanito-Netzwerk: »Prekär, Prekarisierung, Prekariat. Bedeutungen, Fallen und Herausforderungen eines komplexen Begriffs, und was das mit Migration zu tun hat ...«, 2005, http://www.labournet.de/diskussion/arbeit/realpolitik/prekaer/frassanito.html.

GlobalProjekt/Coordination des Intermittents et Précaires d'Ile de France: »Spektakel diesseits und jenseits des Staates. Soziale Rechte und Aneignung öffentlicher Räume: die Kämpfe der französischen Intermittents«, übers. von Michael Sander, in: *transversal: »Precariat«*, Juli 2004, http://eipcp.net/transversal/0704/intermittents/de.

Gramsci, Antonio: *Gefängnishefte. Kritische Gesamtausgabe*, 10 Bde., übers. von Klaus Bochmann u.a., hrsg. von Klaus Bochmann, Wolfgang Fritz Haug und Peter Jehle, Hamburg 1991–2001.

Gutiérrez Rodríguez, Encarnación: *Migration, Domestic Work and Affect. A Decolonial Approach on Value and the Feminization of Labour*, New York, London 2010.

Hamm, Marion und Adolphs, Stephan: »Performative Repräsentation prekärer Arbeit: mediatisierte Bilderproduktion in der EuroMayDay-Bewegung«, in: Herlyn, Gerrit u.a. (Hg.): *Arbeit und Nicht-Arbeit. Entgrenzungen und Begrenzungen von Lebensbereichen und Praxen*, München, Mering 2009, S. 315–340.

Haraway, Donna: *Die Neuerfindung der Natur, Primaten, Cyborgs und Frauen*, hrsg. von Carmen Hammer und Immanuel Stieß, Frankfurt/M., New York 1995.

Hardt, Michael: »Affektive Arbeit«, in: Atzert/Müller, *Immaterielle Arbeit und imperiale Souveränität*, Münster 2004, S. 175–188.

— und Negri, Antonio: *Empire. Die neue Weltordnung*, übers. von Thomas Atzert und Andreas Wirthensohn, Frankfurt/M., New York 2000.

Hess, Sabine und Kasparek, Bernd (Hg.): *Grenzregime. Diskurse, Praxen, Institutionen in Europa*, Berlin, Hamburg 2010.

Hess, Sabine, Binder, Jana und Moser, Johannes (Hg.): *No Integration?! Kulturwissenschaftliche Beiträge zur Integrationsdebatte in Europa*, Bielefeld 2009.

Karakayalı, Serhat: »Paranoic Integrationism. Die Integrationsformel als unmöglicher (Klassen-)Kompromiss«, in: Hess/Binder/Moser, *No Integration?!*, Bielefeld 2009, S. 95–103.

Karl, Frank: *Gesellschaft im Reformprozess*, Studie der Friedrich-Ebert-Stiftung, Bonn 2006.

Klinger, Cornelia: »Zwischen Haus und Welt: Zur sozialtopologischen Situierung der Kategorien Klasse, Rasse und Geschlecht. Ein Versuch«, in: Bayer, Michael, Mordt, Gabriele, Terpe, Sylvia und Winter, Martin (Hg.): *Transnationale Ungleichheitsforschung. Eine neue Herausforderung für die Soziologie*, Frankfurt/M., New York 2008, S. 159–194.

*Kulturrisse. Zeitschrift für radikaldemokratische Kulturpolitik: »Organisierung der Unorganisierbaren«* 4, 2006, http://kulturrisse.at/ausgaben/042006.

Kuster, Brigitta: »Die eigenwillige Freiwilligkeit der Prekarisierung«, in: *transversal: »Precariat«*, Juli 2004, http://eipcp.net/transversal/0704/kuster/de.

Lazzarato, Maurizio: »Die Dynamik des politischen Ereignisses. Subjektivierungsprozesse und Mikropolitik«, übers. von Stefan Nowotny, in: Lorey, Isabell, Nigro, Roberto und Raunig, Gerald (Hg.): *Inventionen 1: Gemeinsam. Prekär. Potentia. Kon-/Disjunktion. Ereignis. Transversalität. Queere Assemblagen*, Zürich 2011, S. 161–174.

— *Le gouvernement des inégalités. Critique de l'insécurité néolibérale*, Paris 2008.

— »Immaterielle Arbeit. Gesellschaftliche Tätigkeiten unter den Bedingungen des Postfordismus«, in: Negri, Toni, Lazzarato, Maurizio und Virno, Paolo: *Umherschweifende Produzenten. Immaterielle Arbeit und Subversion*, mit einem Vorwort von Yann Moulier Boutang, hrsg. von Thomas Atzert, Berlin 1998, S. 39–52.

Legnaro, Aldo: »Aus der neuen Welt. Freiheit, Furcht und Strafe als Trias der Regulation«, in: *Leviathan. Berliner Zeitschrift für Sozialwissenschaft* 2, 2000, S. 202–220.

— und Birenheide, Almut: *Regieren mittels Unsicherheit. Regime von Arbeit in der späten Moderne*, Konstanz 2008.

Lemke, Thomas: »Dispositive der Unsicherheit im Neoliberalismus«, in: *Widerspruch. Beiträge zu sozialistischer Politik* 46, 2004, S. 89–98.

Locke, John: *Zwei Abhandlungen über die Regierung*, übers. von Hans Jörn Hoffmann, hrsg. und eingel. von Walter Euchner, Frankfurt/M. 1977.

Lorey, Isabell: »Als das Leben in die Politik eintrat. Die biopolitisch-gouvernementale Moderne, Foucault und Agamben«, in: Pieper u.a., *Empire und die biopolitische Wende*, Frankfurt/M., New York 2007, S. 269–292.

— *Figuren des Immunen. Elemente einer politischen Theorie*, Zürich 2011.

— »Konstituierende Kritik. Die Kunst, den Kategorien zu entgehen«, in: Mennel, Birgit, Nowotny, Stefan und Raunig, Gerald (Hg.): *Kunst der Kritik*, Wien 2010, S. 47–65.

— »Non-representationist, Presentist Democracy«, übers. von Aileen Derieg, in: *transversal: »#Occupy and Assemble∞«*, Oktober 2011, http://eipcp.net/transversal/1011/lorey/en.

— »Occupy – Exodus der Beliebigen aus der juridischen Demokratie«, in: *Bildpunkt*, Frühjahr 2012, S. 4–7 (online siehe http://www.linksnet.de/de/artikel/27401).

— »Der Traum von der regierbaren Stadt. Zu Pest, Policey und Staatsraison«, in: *transversal: »Art and Police«*, Juni 2007, http://eipcp.net/transversal/1007/lorey/de.

— »Versuch, das Plebejische zu denken. Exodus und Konstituierung als Kritik«, in: *transversal: »The Art of Critique«*, August 2008, http://eipcp.net/transversal/0808/lorey/de.

— »Von den Kämpfen aus. Eine Problematisierung grundlegender Kategorien«, in: Hess, Sabine, Langreiter, Nikola und Timm, Elisabeth (Hg.): *Intersektionalität revisited. Empirische, theoretische und methodische Erkundungen*, Bielefeld 2011, S. 101–116.

— »Der weiße Körper als feministischer Fetisch. Konsequenzen aus der Ausblendung des deutschen Kolonialismus«, in: Tißberger, Martina, Dietze, Gabriele, Hrzán, Daniela und Husmann-Kastein, Jana (Hg.): *Weiß – Weißsein – Whiteness. Kritische Studien zu Gender und Rassismus*, 2. Aufl., Frankfurt/M. u.a. 2009, S. 61–84.

— »Weißsein und die Auffaltung des Immunen. Zur notwendigen Unterscheidung zwischen Norm und Normalisierung«, in: Bock von Wülfingen, Bettina und Frietsch, Ute (Hg.): *Epistemologie und Differenz. Zur Reproduktion des Wissens in den Wissenschaften*, Bielefeld 2010, S. 99–111.

— und Raunig, Gerald: »*Matrix examinatrix*. Dispersion *and* Concentration«, übers. von Thomas Taborsky, in: *Krisis. Journal of Contemporary Philosophy* 3, 2011, S. 32–39, http://www.krisis.eu/content/2011-3/krisis-2011-3-05-lorey-raunig.pdf.

— und Neundlinger, Klaus (Hg.): *Kognitiver Kapitalismus*, übers. von Therese Kaufmann und Klaus Neundlinger, Bd. 13 der Reihe »es kommt darauf an«, Wien 2012.

Ludwig, Gundula: *Geschlecht regieren. Zum Verhältnis von Staat, Subjekt und heteronormativer Hegemonie*, Frankfurt/M., New York 2011.

MacPherson, Crawford B.: *Die politische Theorie des Besitzindividualismus. Von Hobbes bis Locke*, Frankfurt/M. 1973.

Malo de Molina, Marta: »Gemeinbegriffe: Erfahrungen und Versuche zwischen Untersuchung und Militanz«, in: Precarias a la deriva, »*Was ist dein Streik?*«, Wien 2011, S. 139–183; auch in: *transversal »Militante Untersuchung«*, April 2006, http://eipcp.net/transversal/0406.

Marchart, Oliver: *Neu beginnen. Hannah Arendt, die Revolution und die Globalisierung*, mit einem Vorwort von Linda Zerilli, Bd. 3 der Reihe »es kommt darauf an«, Wien 2005.

Marx, Karl: *Zur Kritik der politischen Ökonomie*, *Marx-Engels-Werke, MEW* 13, 7. Aufl., Berlin 1971.

— »Productive und Unproductive Arbeit«, in: *Marx-Engels-Gesamtausgabe, MEGA* II 4.1: *Ökonomische Manuskripte 1863–1867*, Berlin 1988, S. 108–117.

— »Produktivität des Kapitals. Produktive und unproduktive Arbeit«, in: *Marx-Engels-Werke, MEW* 26.1: *Theorien über den Mehrwert*, Berlin 2000, S. 365–388.

Mennel, Birgit und Nowotny, Stefan: »Die militante Ethik der Precarias a la deriva. Eine Einleitung«, in: Precarias a la deriva, »*Was ist dein Streik?*«, Wien 2011, S. 7–32.

Mitropoulos, Angela: »Oikopolitics, and Storms«, in: *Global South* 1, 2009, S. 66–82.

— »Precari-Us?«, in: Berry Slater, Josephine (Hg.): *The Precarious Reader*, London 2005, S. 12–18; auch in: *transversal: »Precariat«*, März 2005, http://eipcp.net/transversal/0704/mitropoulos/en (dt.: »Prekär – Wir?«, übers. von Michael Sander und Thomas Atzert, http://www.05.diskursfestival.de/pdf/symposium_thinking_atzert_1.de.pdf).

Münkler, Herfried, Bohlender, Matthias und Meurer, Sabine (Hg.): *Sicherheit und Risiko. Über den Umgang mit Gefahr im 21. Jahrhundert*, Bielefeld 2010.

*mute magazine. culture and politics after the net*, 2005, http://meta mute.org/en/Precarious-Reader.

Nancy, Jean-Luc: *singulär plural sein*, übers. von Ulrich Müller-Schöll, Berlin 2004.

Neilson, Brett und Rossiter, Ned: »From Precarity to Precariousness and Back Again: Labour, Life and Unstable Networks«, in: *Fibreculture* 5, 2005, http://five.fibreculturejournal.org/fcj-022-from-precarity-to-precariousness-and-back-again-labour-life-and-unstable-networks/.

— »Precarity as a Political Concept, or, Fordism as Exception«, in: *Theory, Culture & Society* 7–8, 2008, S. 51–72.

Nickel, Hildegard Maria: »Die ›Prekarier‹ – eine soziologische Kategorie? Anmerkungen zu einer geschlechtersoziologischen

Perspektive«, in: Castel/Dörre, *Prekarität*, Frankfurt/M., New York 2009, S. 209–218.

Osten, Marion von: »Irene ist Viele! Oder was die Produktivkräfte genannt wird«, in: Pieper u.a., *Empire und die biopolitische Wende*, Frankfurt/M., New York 2007, S. 109–124.

Ott, Cornelia: »Lust, Geschlecht und Generativität. Zum Zusammenhang von gesellschaftlicher Organisation von Sexualität und Geschlechterhierarchie«, in: Dölling, Irene und Krais, Beate (Hg.): *Ein alltägliches Spiel. Geschlechterkonstruktionen in der sozialen Praxis*, Frankfurt/M. 1997, S. 104–124.

Papadopoulos, Dimitris, Stephenson, Niamh und Tsianos, Vassilis: *Escape Routes. Control and Subversion in the 21st Century*, London, Ann Arbor 2008.

Pieper, Marianne, Atzert, Thomas, Karakayalı, Serhat und Tsianos, Vassilis (Hg.): *Empire und die biopolitische Wende. Die internationale Diskussion im Anschluss an Hardt und Negri*, Frankfurt/M., New York 2007.

Pieper, Marianne, Panagiotidis, Efthimia und Tsianos, Vassilis: »Regime der Prekarisierung und verkörperte Subjektivierung«, in: Herlyn, Gerrit u.a. (Hg.): *Arbeit und Nicht-Arbeit. Entgrenzungen und Begrenzungen von Lebensbereichen und Praxen*, München, Mering 2009, S. 341–357.

Précaires Associés de Paris: »Intermittents du Spectacle. Zur sozialen Absicherung nicht nur der Kulturarbeit«, übers. von Stefan Nowotny, in: *Kulturrisse. Zeitschrift für radikaldemokratische Kulturpolitik* 2, 2005, http://igkultur.at/igkultur/kulturrisse/1114329221/1114523445.

Precarias a la deriva: »Ein sehr vorsichtiger Streik um sehr viel Fürsorge (Vier Hypothesen)«, übers. von Jens Kastner, in: *transversal »Precariat«*, Juli 2004, http://eipcp.net/transversal/0704/precarias2/de.

— »Fragen, Illusionen, Schwärme, Meuten und Wüsten. Zu Untersuchung und Militanz der Precarias a la deriva«, in: dies., »*Was ist dein Streik?*«, Wien 2011, S. 35–55.

— »Geld oder Leben!«, in: dies., »*Was ist dein Streik?*«, Wien 2011, S. 57–135.

— »Die Prekarisierung der Existenz. Ein Gespräch«, in: Lorenz, Renate und Kuster, Brigitta: *sexuell arbeiten. eine queere perspektive auf arbeit und prekäres leben*, Berlin 2007, S.259–272.

— »Projekt und Methode einer ›militanten Untersuchung‹. Das Reflektieren der Multitude in actu«, übers. von Kathrin Held und Peter Tabor, in: Pieper u.a., *Empire und die biopolitische Wende*, Frankfurt/M., New York 2007, S. 85–108.

— »*Was ist dein Streik?« Militante Streifzüge durch die Kreisläufe der Prekarität*, übers. von Birgit Mennel sowie mit einer Einleitung von Birgit Mennel und Stefan Nowotny, Bd. 11 der Reihe »es kommt darauf an«, Wien 2011.

Puar, Jasbir: »Roundtable on Precarity«, with Lauren Berlant, Judith Butler, Bojana Cvejić, Isabell Lorey, and Ana Vujanović, in: *Theatre Drama Review* 4, 2012.

Purtschert, Patricia, Meyer, Katrin und Winter, Yves (Hg.): *Gouvernementalität und Sicherheit. Zeitgenössische Beiträge im Anschluss an Foucault*, Bielefeld 2008.

Raunig, Gerald: *Fabriken des Wissens. Streifen und Glätten 1*, Zürich 2012.

— *Industrien der Kreativität. Streifen und Glätten* 2, Zürich 2012.

— »Das Monster Prekariat«, 2007, http://translate.eipcp.net/strands/02/raunig-strands02en?lid=raunig-strands02de.

— *Tausend Maschinen. Eine kleine Philosophie der Maschine als sozialer Bewegung*, Bd. 7 der Reihe »es kommt darauf an«, Wien 2008.

Revel, Judith: »Vom Leben in prekären Milieus (oder: Wie mit dem nackten Leben abschließen?)«, übers. von Birgit Mennel, in: *Grundrisse. Zeitschrift für linke Theorie und Debatte* 32, 2009, S. 36–45.

Rousseau, Jean-Jacques: *Vom Gesellschaftsvertrag oder Grundsätze des Staatsrechts*, übers. und hrsg. von Hans Brockard, Stuttgart 1977.

Salazar Parreñas, Rhacel: *Servants of Globalization. Women, Migration, and Domestic Work*, Stanford 2001.

Sarasin, Philipp: *Reizbare Maschinen. Eine Geschichte des Körpers 1765–1914*, Frankfurt/M. 2001.

Sauer, Birgit: *Die Asche des Souveräns. Staat und Demokratie in der Geschlechterdebatte*, Frankfurt/M., New York 2001.

— »Von der Freiheit auszusterben. Neue Freiheiten im Neoliberalismus?«, in: Bidwell-Steiner, Marlen und Wagner, Ursula (Hg.): *Freiheit und Geschlecht. Offene Beziehungen – Prekäre Verhältnisse*, Innsbruck u.a. 2008, S. 17–31.

Schultz, Susanne: »Biopolitik und affektive Arbeit bei Hardt/Negri«, in: *Das Argument* 248, 2002, S. 696–708.

Segal, Jacob: »The Discipline of Freedom: Action and Normalization in Theory and Practice of Neo-Liberalism«, in: *New*

*Political Science* 3, 2006, S. 323–334.

Spinoza, Baruch de: *Die Ethik*, lateinisch/deutsch, übers. von Jakob Stern, Stuttgart 1977.

Transit Migration Forschungsgruppe (Hg.): *Turbulente Ränder. Neue Perspektiven auf Migration an den Grenzen Europas*, Bielefeld 2007.

*transversal: »Precariat«*, Juli 2004, http://eipcp.net/transversal/0704.

*transversal: »Militante Untersuchung«*, April 2006, http://eipcp.net/transversal/0406.

Tsianos, Vassilis und Papadopoulos, Dimitris: »Prekarität: Eine wilde Reise ins Herz des verkörperten Kapitalismus. Oder: Wer hat Angst vor der immateriellen Arbeit?«, in: Raunig, Gerald und Wuggenig, Ulf (Hg.): *Kritik der Kreativität*, Wien 2007, S. 145–164.

Virno, Paolo: *Exodus*, übers., eingel. und hrsg. von Klaus Neundlinger und Gerald Raunig, Bd. 9 der Reihe »es kommt darauf an«, Wien 2010.

— *Grammatik der Multitude. Öffentlichkeit, Intellekt und Arbeit als Lebensformen*. Mit einem Anhang: *Die Engel und der General Intellect*, übers. von Klaus Neundlinger sowie eingel. zusammen mit Gerald Raunig, Bd. 4 der Reihe »es kommt darauf an«, Wien 2005.

— »Das Öffentlichsein des Intellekts. Nichtstaatliche Öffentlichkeit und Multitude«, übers. von Klaus Neundlinger, in: *transversal: »Publicum«*, Juni 2005, http://eipcp.net/transversal/0605/virno/de.

— »Virtuosität und Revolution. Die politische Theorie des Exodus«, in: ders., *Exodus*, Wien 2010, S. 33–78.

Völker, Susanne: »›Entsicherte Verhältnisse‹ – Impulse des Prekarisierungsdiskurses für eine geschlechtersoziologische Zeitdiagnose«, in: Aulenbacher, Brigitte und Wetterer, Angelika (Hg.): *Arbeit. Perspektiven und Diagnosen der Geschlechterforschung*, Münster 2009, S. 268–286.

Walzer, Michael: *Exodus und Revolution*, übers. von Bernd Rullkötter, Berlin 1988.

Young, Iris Marion: »The Logic of Masculinist Protection: Reflections on the Current Security State«, in: *Signs: Journal of Women in Culture and Society* 1, 2003, S. 1–25.

[Alle Internetquellen wurden zuletzt Ende März 2012 abgerufen.]